［元］赵孟頫《苏轼小像》　北京故宫博物院 藏

舳艫千里旌旗蔽空釃
酒臨江橫槊賦詩固一世
之雄也而今安在哉況吾與
子漁樵於江渚之上侶魚
蝦而友麋鹿駕一葉之扁
舟舉匏樽以相屬寄蜉
蝣於天地渺浮海之一粟
哀吾生之須臾羨長江之
無窮挾飛仙以遨游抱
明月而長終知不可乎驟
得託遺響於悲風蘇子
曰客亦知夫水與月乎逝者
如斯而未嘗往也盈虛者
如彼而卒莫消長也蓋將
自其變者而觀之則天地

明月而長終知不可乎驟
得託遺響於悲風蘇子
曰客亦知夫水與月乎逝者
如斯而未嘗往也盈虛者
如彼而卒莫消長也蓋將
自其變者而觀之則天地
曾不能以一瞬自其不變
者而觀之則物與我皆無
盡也而又何羨乎且夫天地
之間物各有主苟非吾之

曾不能以一瞬自其不變
者而觀之則物與我皆無
盡也而又何羨乎且夫天地
之間物各有主苟非吾之
所有雖一毫而莫取惟
江上之清風与山間之明
月耳得之而為聲目遇
之而成色取之無禁用之
不竭是造物者之無盡藏
也而吾与子之所共食客喜
而笑洗盞更<small>平</small>酌肴核
既盡杯盤狼籍相与枕
藉乎舟中不知東方之既
白

［北宋］苏轼《前赤壁赋》　　台北故宫博物院　藏

所有雖一毫而莫取惟
江上之清風与山間之明
月耳得之而為聲
之而成色取之無禁用之
不竭是造物者之無盡藏
也而吾与子之所共食客喜
而笑洗盞更<small>平</small>酌肴核
既盡杯盤狼籍相与枕
藉乎舟中不知東方之既
白

《前赤壁赋》局部

［元］赵孟頫《苏轼小像》 北京故宫博物院藏

［北宋］苏轼《前赤壁赋》 台北故宫博物院藏

［北宋］苏轼《渡海帖》 台北故宫博物院藏

［北宋］苏轼《归去来兮辞》 台北故宫博物院藏

［北宋］苏轼（传）《潇湘竹石图》 中国美术馆藏

［北宋］苏轼《一夜帖》 台北故宫博物院藏

［北宋］苏轼《寒食帖》 台北故宫博物院藏

［北宋］苏轼《新岁展庆帖》 北京故宫博物院藏

然也客曰月明星稀烏鵲

南飛此非曹孟德之詩乎

西望夏口東望武昌山川

相繆鬱乎蒼蒼此非孟德

之困於周郎者乎方其破

赤壁賦

壬戌之秋七月既望蘇子与
客汎舟游于赤壁之下清風
徐來水波不興
誦明月之詩

歌窈窕之章

舉酒屬客

少焉月出於東山之上徘徊
於斗牛之間白露橫江水
光接天縱一葦之所如凌
萬頃之茫然浩浩乎如馮虛
御風而不知其所止飄飄乎

古繁文斷語増三六字

赤壁賦

壬戌之秋七月既望蘇子与
客汎舟游于赤壁之下清風
徐來水波不興

如遺世獨立羽化而登僊
於是飲酒樂甚扣舷而
歌之歌曰桂棹兮蘭槳
擊空明兮泝流光渺渺兮
余懷望美人兮天一方客有
吹洞簫者倚歌而和之其
聲嗚嗚然如怨如慕如
泣如訴餘音嫋嫋不絕如
縷舞幽壑之潛蛟泣
舟之嫠婦蘇子愀然正
襟危坐而問客曰何為其
然也客曰月明星稀烏鵲
南飛此非曹孟德之詩乎
西望夏口東望武昌山川
相繆鬱乎蒼蒼此非孟德

荊州下江陵順流而東也
舳艫千里旌旗蔽空釃
酒臨江橫槊賦詩固一世
之雄也而今安在哉況吾與
子漁樵於江渚之上侶魚
蝦而友麋鹿駕一葉之扁
舟舉匏樽以相屬寄蜉
蝣於天地渺浮海之一粟
哀吾生之須臾羨長江

誦明月之詩

右繫文待詔補三十六字

聲嗚嗚然如怨如慕如

泣如訴餘音嫋嫋不絶如

縷舞幽壑之潛蛟泣孤

舟之嫠婦蘇子愀然正

襟危坐而問客曰何爲其

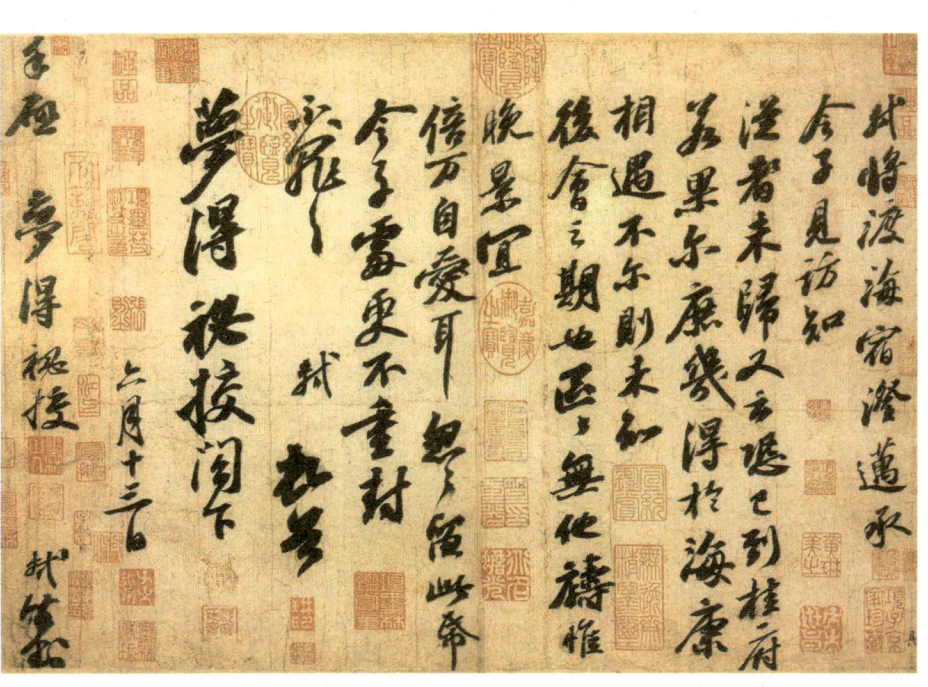

［北宋］苏轼《渡海帖》　台北故宫博物院 藏

［北宋］苏轼《归去来兮辞》　台北故宫博物院 藏

《归去来兮辞》局部

归去来兮辞

余家贫耕植不足以自给幼稚
盈室缾无储粟生生所资未见
其术亲故多劝余为长吏脱
然有怀求之靡途会有四方之
事诸侯以惠爱为德家叔以余
贫苦遂见用为小邑于时风波
未静心惮远役彭泽去家百
里公田之利足以为酒故便求之
及少日眷然有归欤之情何则
质性自然非矫励所得饥冻
虽切违己交病常从人事皆
口腹自役于是怅然慷慨深愧
平生之志犹望一稔当敛裳宵
逝寻程氏妹丧于武昌情在骏
奔自免去职仲秋至冬在官
八十余日因事顺心命篇曰归
去来兮乙巳岁十一月也
归去来兮田园将芜胡不归
既自以心为形役奚惆怅而独悲
悟已往之不谏知来者之可追
实迷途其未远觉今是而昨非舟
遥遥以轻飏风飘飘而吹衣

归去来兮辞

余家贫耕植不足以自给幼稚
盈室缾无储粟生生所资未见
其术亲故多劝余为长吏脱
然有怀求之靡途会有四方之
事诸侯以惠爱为德家叔以余
贫苦遂见用为小邑于时风波
未静心惮远役彭泽去家百
里公田之利足以为酒故便求之
及少日眷然有归欤之情何则

［北宋］苏轼（传）《潇湘竹石图》　中国美术馆 藏

一夜尋黃居寀龍不獲方悟半
月前是曹光州借去摹搨更須
一兩月方可得恐王君疑是翻悔
且告子細說与纘取得即納去
却寄團茶一餅与之旋寄其好事
也　軾白

季常

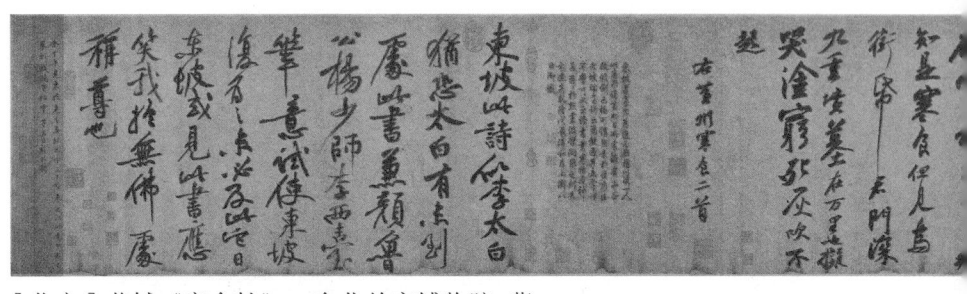

［北宋］苏轼《寒食帖》　　台北故宫博物院　藏

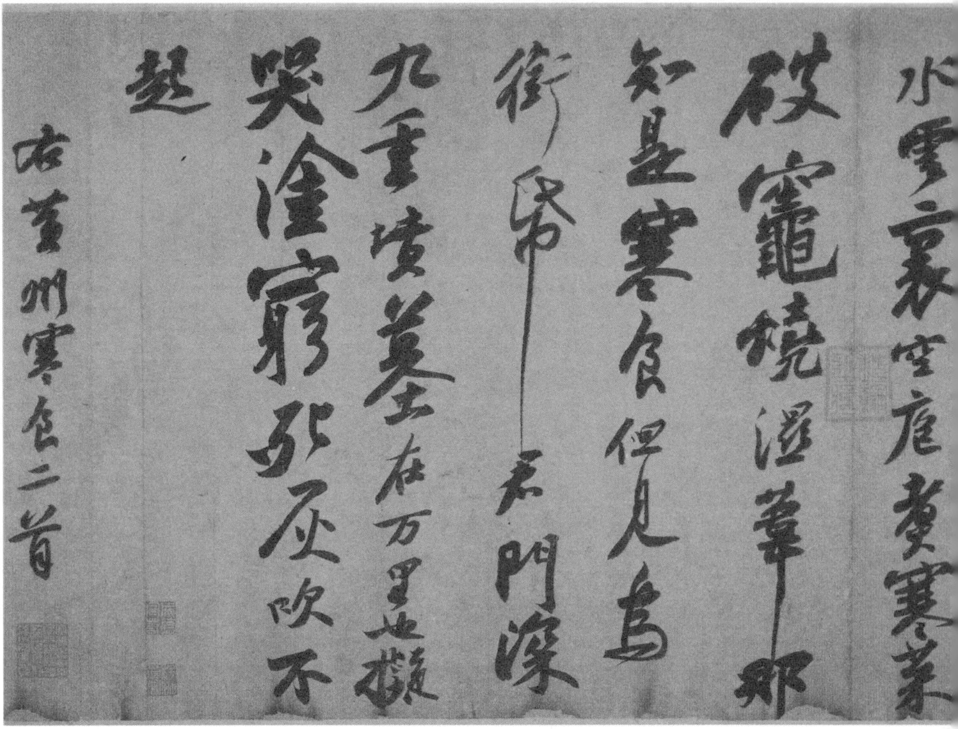

《寒食帖》局部

雪堂餘韻

自我来黄州已過三寒
食年年欲惜春春去不
容惜今年又苦雨兩月秋
蕭瑟臥聞海棠花泥
污燕支雪闇中偷負
去夜半真有力何殊少
年子病起須已白
春江欲入户雨勢来
不已雨小屋如漁舟濛

自我来黄州已過三寒
食年年欲惜春春去不
容惜今年又苦雨兩月秋
蕭瑟臥聞海棠花泥
污燕支雪闇中偷負
去夜半真有力何殊少
年子病起須已白
春江欲入户雨勢来
不已雨小屋如漁舟濛

［北宋］苏轼《新岁展庆帖》　北京故宫博物院 藏

千年英雄苏东坡

由兴波 著

北方联合出版传媒（集团）股份有限公司
万卷出版公司

ⓒ 由兴波 2020

图书在版编目（CIP）数据

千年英雄苏东坡 / 由兴波著. — 沈阳：万卷出版
公司，2020. 5
ISBN 978-7-5470-5306-5

Ⅰ. ①千… Ⅱ. ①由… Ⅲ. ①传记文学－中国－当代
Ⅳ. ①I25

中国版本图书馆CIP数据核字（2020）第012398号

出 品 人：刘一秀
出版发行：北方联合出版传媒（集团）股份有限公司
　　　　　万卷出版公司
　　　　　（地址：沈阳市和平区十一纬路25号　邮编：110003）
印 刷 者：辽宁新华印务有限公司
经 销 者：全国新华书店
幅面尺寸：145mm×210mm
字　　数：220千字
印　　张：9.75
出版时间：2020年5月第1版
印刷时间：2020年5月第1次印刷
责任编辑：张雪娇
责任校对：高　辉
装帧设计：刘萍萍
ISBN 978-7-5470-5306-5
定　　价：49.80元
联系电话：024-23284090
传　　真：024-23284448

说不全
说不完
苏东坡
永远的
苏东坡

坡公诞辰九百八十周
年寿苏之日志感
姚江王水照

著名学者、复旦大学教授王水照先生题词

目 录

序 言

　　提起苏轼——苏东坡①，千百年来可谓家喻户晓，耳熟能详。读者首先想到的是他那些脍炙人口的诗词，如"大江东去，浪淘尽、千古风流人物"的豪情与无奈，"但愿人长久，千里共婵娟"的兄弟情深，"欲把西湖比西子，淡妆浓抹总相宜"的秀美山水描摹，"不识庐山真面目，只缘身在此山中"的人生睿智思考……这些都是世界文学史上的瑰宝。

　　苏东坡是中国文化史上的伟人，他不仅多才多艺、学识渊博，更是思想的智者、生活的英雄。苏东坡诗、文、词、书、画俱佳，以散文位列"唐宋八大家"之列，诗歌方面与黄庭坚并称"苏黄"，词作方面与辛弃疾并称"苏辛"，书法方面与黄庭坚、米芾、蔡襄并称"宋代书法四大家"，他的《黄州寒食帖》被誉为"天下第三行书"，绘画方面与文同共为"湖州画派"代表。后世对苏东坡所创造的文化世界有"苏海"之誉，以此来形容其广博与深邃。

　　苏东坡虽仕途多艰，但心怀天下，政绩卓著，他的人格

---

　　①苏轼是在被贬官黄州后自号"东坡居士"的，但本书为尊重读者习惯，自开篇即称为"苏东坡"。

精神更是光照后人。他留给后人的财富是异常丰富的。在精神世界中，他教会了世人如何看待贵贱、荣辱、是非、得失。尤其是对生活真实的认识，更彰显了他的睿智。清代的国学大师王国维在《文学小言》中就表扬苏东坡等四人说："苟无文学之天才，其人格亦自足千古。"（第六则）又说："天才者，或数十年而一出，或数百年而一出，而又须济之以学问，帅之以德性，始能产真正之大文学。此屈子、渊明、子美、子瞻等所以旷世而不一遇也。"（第七则）①王氏由衷赞赏东坡等"旷世而不一遇"，更突出的是东坡的人格精神。

罗曼·罗兰在《米开朗琪罗》当中说过这样一句话："世界上只有一种真正的英雄主义，那就是在认清生活的本质之后依然热爱生活。"苏东坡即是这样的人。

公元2000年到来之际，法国《世界报》准备以一种创新的方式庆祝新千年的到来。该报发表了一组专栏文章，分为十二期，讲述世界上十二位生活在公元1000年前后重要人物的生活。这组文章编辑成册，命名为"千年英雄"。文章作者让·皮埃尔·朗日里耶介绍说：苏东坡是唯一入选的中国人，而且是唯一没有跨越公元1000年的人。但因为苏东坡的巨大影响力，他在思想、人文、文学、艺术等领域所创造的辉煌成就，因此得以入选。

让·皮埃尔·朗日里耶还介绍了一个故事：在2000年7月，他在《世界报》上发表了关于苏东坡的文章后，时任法

---

①傅杰编校：《王国维论学集》第310-314页，中国社会科学出版社，1997年版。

国总统雅克·希拉克专门给他打电话，想更详细地了解苏东坡的作品和生活。[1]

千百年来，"苏东坡"已经成为一个文化符号，每个文人心中都住着一个苏东坡。他的思想、人格、艺术、文学、生活等，无不闪耀着偶像的光辉。

---

[1] 见让·皮埃尔·朗日里耶的《千年英雄苏东坡》，发表于《苏轼研究》2017年第4期第4-8、19页。

钟灵毓秀眉山城

——东坡的故乡

历史上但凡英雄人物在成名之后，往往都将他的出生渲染上神秘的色彩，比如说长虹贯日、红光满室、太白星入怀，或者是梦见某某英雄人物、某某历史上有名的文学家，等等，以使这个人一出生就具有了一些不同寻常的神秘色彩。而对于苏东坡这样一位"千年英雄"，史书上却没有这样的渲染，他的出生是平平常常的。

　　四川古称"天府之国"，成都平原地势平坦，水系纵横，一直是鱼米之乡，这里自古以来就物产丰富。周边群山峻岭，易守难攻，所以四川很容易成为割据一方的世外桃源。四川不但物产丰富，文化传承也是历史悠久。俗话说得好："一方水土养一方人。"四川自古以来就名人辈出，具有浓厚的文化氛围。早在汉代就有著名的司马相如、扬雄、王褒等人。到了唐代，我们熟知的大诗人李白祖籍也是在四川，后来也是从四川这里走向全国的；"初唐四杰"的王勃、杨炯、卢照邻、骆宾王都先后到过四川；高适、岑参、刘禹锡、白居易等也都在四川留下了很多著名的诗篇。蜀地不但是一个富饶、美丽的地方，而且还是一个文化底蕴深厚的地方。

苏东坡的故乡在眉州眉山（今四川省眉山市）。眉山历史悠久，早在南北朝时期齐国就在这里设立郡县，后经各朝经营，治域逐渐扩大。曾先后称眉州、青州、嘉州等，北宋太平兴国元年（976）又复称眉州。这里山清水秀，距离成都只有二百多里远，长江上游的岷江纵贯整个城市。眉山地势不高，人杰地灵，几条水道在市内通过，这里充满了灵秀之气。

苏东坡出生在宋仁宗景祐三年（1036），但是他出生在旧历（也就是农历）十二月十九日，如果换算成公元纪年，就是1037年1月8日。按照当时传统的计算方法，小孩一出生就是一岁，过了春节又是一岁，所以说到了1037年1月19日，也就是旧历的正月初一的时候，虽然苏东坡实际出生才只有十几天，但是我们已经说他两岁了。因此史书中所称的苏东坡年龄要比他的实际年龄大两岁左右，比如史书记载苏东坡二十二岁中进士，实际上他才二十周岁；去世时是六十六岁，实际上是六十四周岁。

在眉山城内，苏东坡出生在一个叫纱縠行的地方。苏家原来是在眉山的农村居住，后来迁到纱縠行这里。纱縠行周边是一片非常繁荣、繁华的集市，商业比较发达，属于是闹市之中。

今四川眉山三苏纪念馆有一副清人张鹏翮所撰联：

一门父子三词客，千古文章四大家。

"三词客"就是苏洵与儿子苏东坡、苏辙。这父子三人都以散文位列"唐宋八大家"之列，被称为"三苏"，文名远播后世。以父子相加的综合实力来看，"三苏"的文学成就已经超过了汉魏时期鼎鼎大名的"三曹"。"文章四大家"则指韩愈、柳宗元、欧阳修、苏东坡这四位文坛巨匠。

如今每年到"三苏祠"参观的人络绎不绝，眉山也因为有了苏东坡，千年以来声誉日隆，成为一座历史文化名城。

大器晚成苏老泉

——东坡的父亲

苏东坡的父亲苏洵（1009—1066），字明允，号老泉，即后世《三字经》当中所提到的"苏老泉，二十七，始发愤，读书籍"中的那位"苏老泉"。

关于苏家的家世，按照苏洵自己所作的《苏氏族谱》和《族谱后录》记载，汉代苏家的子孙安家在赵郡，也就是现在的河北赵县，故苏东坡的郡望为赵郡。苏东坡为祖父作的《苏廷评行状》记载：其先盖赵郡栾城人也。故苏辙的文集命名为《栾城集》，也就是纪念自己的先祖郡望所在。

苏家历史上名人众多，在唐武则天时期，宰相苏味道曾被贬官到眉州担任刺史，后来在眉山去世。苏味道的一个儿子定居在眉山，所以此地才有了"苏"姓。苏家在眉山一带比较有名气，并不是因为他家里有多么富贵或者是苏家人的官当得有多大。当时在眉山有三大家族，而苏家虽然算是三大家族之一，但经济条件远远不如另外两家，只能算是比较殷实。

苏洵的父亲名序，在苏东坡出生的时候苏序还在世。苏序性格开朗，并且长于诗文，是一位和蔼可亲的老人。苏东坡后来在写诗词文的"序言"都写成"叙"，或者写成

"引"，就是为了避祖父的讳。

苏序有三个儿子，老大名叫苏澹，老二名叫苏涣，老三就是苏洵。其中苏涣在天圣二年（1024）就考中了进士，轰动乡里。对于苏洵来说，哥哥得中进士，是给自己树立了一个榜样，对自己的激励作用也是非常大的。

苏序性格开朗，为人乐善好施，与乡人们相处得非常好。当时的四川地区，并没有家家户户挑灯夜读、追求科考成名的风气。苏序年轻时不爱读书，没有走科考的晋身之路，直到晚年才忽然对文学感兴趣，但也没有特别的成就，估计也没想到自己的儿子、孙子都成了举世闻名的文学大家。

苏序自己虽然没有在科考上取得什么成就，但是比较有远见，对自己的三个儿子严格要求，希望他们能够在读书方面有所建树。

苏序早早让孩子读书，严格要求，使老大苏澹、老二苏涣都少年早成，学识超出同辈，并双双考中了进士。北宋时期，进士考试录取的人数较前代大为增加，但每榜也就录取三五百人而已，"三十老明经、五十少进士"，很多人皓首穷经，尚为白衣，而苏家兄弟二人都先后考中进士，是古今少有的事情，在眉山当地引起了轰动，甚至带动了当地求学的风气。

几十年后，苏家后人的另两个兄弟同科中举，产生的影响更为深远。

"龙生九子，各有不同"。苏洵的两个哥哥苏澹和苏涣都进士及第，显得苏洵很落寞。但苏洵在年轻的时候放荡不羁，并不像传统的这些读书人立志于科考，因此有人就对苏洵的父亲苏序说："你家老泉怎么不读书呢？为什么不走科举的路子呢？"苏序说："我这个儿子是有自己远大的志向的，我猜想他将来会有自己的打算的。"

苏序与其说了解自己的儿子，不如说了解自己的遗传基因。

也许正是苏洵内在的光芒无法掩盖，所以当地另一大家族程家就特别中意苏洵，将女儿嫁给了苏洵。

眉山当地有三大家族：程家、石家、苏家。其中程家是最富有的，苏家是最有文化的。程家女儿到了择婿的年龄，她的父亲在操心女儿的婚事，于当地物色乘龙快婿，见到苏洵并了解他的事情后，判定这个少年与众不同，绝非一般人可比，堪为佳婿，坚决要把女儿嫁给他。

连苏序都觉得很奇怪，自己的家境比不上程家，在三个儿子当中，只有这个小儿子不成才，为什么程家偏偏相中了他？

程氏也是知书达理，非常贤惠，她看中的并不是金钱地位，她爱慕的是苏洵的学识人品。苏、程两家结为亲家。程氏贤惠过人，持家有方，苏家对这个媳妇相当满意。有了程氏这样良好的基因，后来生的儿子成就斐然，真是苏家的幸运。

成婚之后，苏洵并没有立刻成长起来，仍然顽劣之心较重。但随着父亲年迈，母亲和大哥先后去世了，二哥又常年在外任官，家庭的重担逐渐落到了他的身上。苏洵也认识到，通过读书、科考走上仕途，是对自己和家人的最好照顾。何况程氏也经常鼓励他，大丈夫当有所为，不可一世碌碌，于是苏洵开始发愤读书。这一年他已经二十七岁了。因此苏洵进了后世的《三字经》。

有着良好的基因，加之自己的刻苦努力，苏洵虽然"有志于学"的时间晚，但自我感觉良好。他对写文章很快入门，感觉应付科考、取得功名不在话下。然而现实很残酷。

苏洵所喜欢的是上古之文，也就是先秦两汉以来的散文，对于当时北宋科考的那种文风华丽的写法不是很适应。另外，北宋的科举，仍然很重视诗词声律，这恰恰是苏洵的短板。苏洵认为这些虚词滥调没什么实际用途，仅仅是哗众取宠，不能够体现出一个考生在经世致用方面的才能。所以苏洵第一次科考就铩羽而归。这段时期，程氏为苏洵先后生了几个孩子。

苏洵总共有六个孩子，第一个男孩叫景先，不幸夭折。然后又生了两个女儿也都夭折了。只有第三个女儿叫八娘，长大成人，而且自幼聪明，能诗能文，就是传说中苏小妹的原型。但是八娘长大之后，十八岁的时候嫁给了舅舅程濬的儿子程之才为妻。这本来是亲上加亲的好事，但不知道何种原因，八娘嫁到程家之后未得公婆待见，受尽了虐待，过门不到两年就郁郁而死。苏洵特别伤心，感觉自己犯了一个大的错误，把女儿送到一个虎狼之家，写了一首《自尤》诗埋怨自己，结尾仍懊悔地说："嗟哉此事余有罪，当使天下重结婚。"①并且与程家绝交，一直到死都没原谅自己的小舅

---

① ［宋］苏洵著，曾枣庄、金成礼笺注：《嘉祐集笺注》第513页，上海古籍出版社，1993年版。

子家。

前面几个孩子的纷纷夭折对苏洵的打击非常大，加之科考的失意，因此苏洵经常到全国各地漫游，饱览名山大川，也寻求心情的解脱。

1037年，在苏东坡出生之后，苏洵又重新燃起了生活的热情。两年多之后苏辙出生。苏洵想：如今自己已届中年，又有了两个儿子，我为了自己的孩子也要出人头地。他再次进京参加科考，很不幸，又名落孙山。

真正的英雄不是看他在顺境中有多荣耀，而是看他能否在逆境中奋起。在这方面苏洵远不如自己的儿子苏东坡。

1046年，已经三十八岁的苏洵又一次踏上了令他心酸的科考之路，结局还是一样。

苏洵彻底对科考失望了。自己年近不惑，却仍然与那些童生一起复习、考试，为了一点儿功名而荒废时日。于是苏洵愤然烧毁了曾经练习声律属对的文稿，表示与科举的决绝。

苏洵开始真正享受读书，按照自己的喜好写文章，一代文坛名家开始真正成熟起来。苏洵认为文章应经世致用，应有感而发，而不可无病呻吟，过于雕章琢句。这些文学创作思想对苏东坡、苏辙兄弟影响颇深。

北宋建国将近百年，国家各个方面都向好的方面发展，但也存在一些弊端。苏洵虽为一介布衣，但是忧国忧民，对于时势也有清晰的判断。这时，"庆历新政"刚刚结束，从京城回来的苏洵，见识过那一场能为国家带来新气象的改革，又见到改革迅速失败，不可能不受到触动，他的政治思想也开始慢慢成熟。

苏洵的文章具有极强的现实性，往往通过对历史经验的总结，提出现实的对策。苏洵的文章还对国家的用人之道提出自己的看法，并提出了抑制土地兼并，对法律不合理处予以修改等涉及各个领域的建议，都很有可取之处。可惜的是，他的文章难以呈到御前，建议也不能为当政者所采纳。

一直到苏东坡、苏辙兄弟二人同科进士，名满京城后，苏洵才将自己的文章拿给韩琦、欧阳修等人看，得到了一致的褒奖。"三苏"扬名天下。但是，苏洵因没有参加这次考试，仍是白衣。

北宋时期，虽然科举考试录取的人数较唐朝大为增加，同时还有"赐同进士出身"等制度，还是落榜的人居多，录取者仅在十分之一左右。为了广纳英才，有些没有中举的读书人也可以被朝廷委以官职。

1058 年，朝廷下旨，召苏洵策论于舍人院，这得益于当年在京城结交的韩琦等人的举荐。这本是一个谋出路的好机会，但是苏洵因为对科考制度的失望，屡次受挫的经历让他心灰意冷，加之对京城官员的行政作风不满意，断然拒绝了。

也许是苏洵这种淡泊官场名利的态度打动了朝廷，也许是好友们的力荐，朝廷多次征召，苏洵只写了《上皇帝书》，系统地阐发了自己的政治主张。苏洵的脾气得罪了很多人，一些真正的好友都替他着急。后来梅尧臣写信劝他，只有在京城才能实现自己的政治理想。苏洵不再执拗，勉强答应入京。

苏洵带着两个儿子和儿媳，一家人再次赴京。到了汴梁之后，苏洵并没有得到自己理想的官职。朝廷只授予他一个从九品的小官，这让苏洵很不高兴。因为"从九品"是官员队伍当中垫底的，相当于仅仅给了个公务员身份。后又略微调整了一下，晋升为从八品。苏洵认为自己很有政治才能，但没有赋予自己相应的责任和职务，于是把精力投到学术研究中去了。他研究《易经》观点颇新，与一般儒者"利义相对"的看法不同，主张利义相和而不背。他还奉命修《礼书》，又写了《谥法》等，都得到了很高的评价。

　　朝廷对苏洵的任用，应该说还是比较准确的。但是很多中国文人的一个共同特点是，总是认为自己具有更高的政治才能，却没想到，自己具有的只是文学才能。这方面的典型代表就是唐代的那位"诗仙"李白，总认为自己有当宰相的政治才能，却从没认识到自己只是一个诗人而已，并没有体现出治理国家的才干。

　　苏洵没有得到更好的任用，同他的个性也有关系。苏洵恃才放旷，有时过于狂傲，对于京城大佬们缺乏尊重。比如，对于富弼在改革失败之后的不作为，苏洵曾经写书信直言责怪。仁宗去世后，他又对韩琦主张厚葬有异议，两人一度有些不愉快。好在"宰相肚里能撑船"，宰相富弼、韩琦都不曾真的记恨他。

　　王安石当时炙手可热，京城多有巴结他的人，苏洵却看不惯他。王安石推崇法治，而苏洵推崇吏治；王安石主张开源，而苏洵主张节流。两个人的政见针锋相对。再加上苏洵以传统儒者自居，不喜欢王安石的某些个人习惯，当众便不给他面子，私下里劝欧阳修离王安石远一些。苏洵认为王安石是国家的祸害，苏洵还写了篇文章叫《辨奸论》，辨什么是奸臣，什么是小人，这个"奸臣""小人"指的就是王安石，把王安石骂得体无完肤。

可以想见，以苏洵的性格，即使受到重用，恐怕也很难在朝中立足。

1066年，苏洵在京城去世了，终年58岁。苏洵去世时，官职仍然只是从八品，是霸州文安县的主簿，这也就是他一生中达到的最高职位了。

苏洵最有代表性的文章即《六国》，这篇文章作于宋仁宗嘉祐元年（1056），苏洵再次来到京城时。当时朝廷上看似风平浪静，实际上暗流涌动，危机逐渐显现。苏洵虽然官职不高，但他对朝政有自己的看法。苏洵在文章中深入剖析了战国七雄中六国被秦吞灭的原因，同时结合社会现实，指出吸取六国灭亡的教训对北宋的深刻现实意义。北宋建国后，制度问题导致边关空虚，屡次被辽国入侵。在对外交涉中，北宋不断遭受屈辱，"澶渊之盟"的巨额赔款，也使北宋的国力进一步被削弱。苏洵就针对这些，借论六国发表了自己的看法。

> 六国破灭，非兵不利，战不善，弊在赂
> 秦。赂秦而力亏，破灭之道也。或曰：六国
> 互丧，率赂秦耶？曰：不赂者以赂者丧。盖

失强援，不能独完，故曰：弊在赂秦也。^①

　　文章起始，开宗明义。苏洵认为，战国七雄中六国灭亡的原因并不是兵力不足，或者是将士不会打仗，主要原因是他们贿赂秦国，对秦国示弱，最终导致自己国力的减弱，自然就被强敌灭国了。六国并没有都投靠秦国，苏洵所言似乎不足以服人，于是接下来他主动以"或曰"引出读者疑问：六国一个接一个灭亡，难道全怪他们贿赂秦国？苏洵回答说：六国当中，当然不是所有的国家都示弱。六国抱成一团，本来可以跟秦国抗衡，有几个小国却先投靠过去，剩下的势力当然越来越弱，不能自保，所以说，这所有国家被秦国吞灭，起因就是一些国家"赂秦"。

　　其实，六国破灭的原因错综复杂，而秦之所以能统一天下，也因其原本就有着诸多优势，并非苏洵所说的这么简单。但就这篇文章而言，以古讽今是初衷，借题发挥是手段，苏洵选取了一个点着力展开，是希望自己的文章能够针砭现实，对朝局有所助益。

　　接下来苏洵从正面论证自己的观点，详细说明软弱的几个国家是怎么一点点将国土拱手让人的。苏洵说，秦国除了自己占领的土地之外，小则得一个小县，大则得一座城市，这比他们自己打下来的要多百倍。六国受损失也并不是因为打不过秦国，而丧失国土的原因恰恰是不想打。六国的祖先都很不容易，顶霜冒雪，披荆斩棘，才有了那么一点儿土

①〔宋〕苏洵著，曾枣庄、金成礼笺注：《嘉祐集笺注》第62页，上海古籍出版社，1993年版。

地。后世子孙却随便送给别人，就像扔一根草一样。

今日割五城，明日割十城，然后得一夕安寝。起视四境，而秦兵又至矣。然则诸侯之地有限，暴秦之欲无厌，奉之弥繁，侵之愈急，故不战而强弱胜负已判矣。至于颠覆，理固宜然。古人云："以地事秦，犹抱薪救火，薪不尽，火不灭。"此言得之。[1]

为了满足秦国的贪欲，今天给出去五座城，明天再给十座城，换得安稳地睡一个晚上。可是早晨起来一看，秦兵又来了，根本不会满足。"然则诸侯之地有限，暴秦之欲无厌，奉之弥繁，侵之愈急，故不战而强弱胜负已判矣。"六国诸侯的土地是有限的，但是秦国的贪欲是无穷的，永远都满足不了。所以还没打，强弱胜负已经显现出来了。灭国，那也就是必然的。所以古人就说，割地求和，就像抱着柴火救火一样，什么时候柴火尽了，火才能灭，这是有深刻道理的。

如果将六国分为两类，那么齐、燕、赵这三国皆属于第二类——"不赂秦"，不贿赂者遭受灭亡各有各的原因，苏洵在分析之后做出假设："向使三国各爱其地，则胜负之数，存亡之理，当与秦相较，或未易量。"如果燕、赵、齐三国都守住自己的领土，齐人不投降，太子丹别派刺客，赵

① [宋]苏洵著，曾枣庄、金成礼笺注：《嘉祐集笺注》第62页，上海古籍出版社，1993年版。

国别把良将杀掉。那么齐、赵、燕跟秦国对抗的胜负之数可能也不好说。这些不赂秦的国家，原本还有与秦抗衡的可能性，比之"赂秦者"要高明许多，但他们失去了"赂秦者"本应给予的助力，自身又有种种局限，最终便也都一败涂地。

因此苏洵发出感慨，再进一步假设从反面论证自己的观点：

> 呜呼！以赂秦之地封天下之谋臣，以事
> 秦之心礼天下之奇才，并力西向，则吾恐秦
> 人食之不得下咽也。①

如果能够把送给秦国的那些土地、财物来养贤臣良将，大家合力向西抵抗秦国，那么恐怕秦人会棘手得食不下咽。所以当政者不能被别国吓住，别的国家军力再强大，自己也不能输在气势上。"为国者无使为积威之所劫"，这是苏洵最终得出的结论。这一段以"呜呼"开始，以明确的观点与感叹的语气作结，其中想象秦人"食之不得下咽"，都具有强烈的感情色彩，文章达至高潮，并引出了下一段文字。

> 苟以天下之大，下而从六国破亡之故
> 事，是又在六国下矣。②

---

① ［宋］苏洵著，曾枣庄、金成礼笺注：《嘉祐集笺注》第63页，上海古籍出版社，1993年版。
② ［宋］苏洵著，曾枣庄、金成礼笺注：《嘉祐集笺注》第63页，上海古籍出版社，1993年版。

六国的势力比秦国弱，却仍有自己的优势所在。而现在，如果我们这么大一个国家，却犯下和六国同样的错误，这就连当年的六国都比不上了！

末段与其上语意相连，言辞简洁而观点锐利，终将深刻道理与现实联系在一起，使之得以升华，为执政者今日之鉴。

《六国》一文，语言简洁生动，而气势奔腾雄奇纵横。苏洵从各方面着笔论证，设问分析，使文章富有逻辑，结构周密。又因为作者关注时政，关心国家，表述往往也带有感情色彩，能做到以情感人，极具说服力。

更难能可贵的是，苏洵的文章针砭时弊，借古讽今，是北宋初期文风变革的代表作。

吾家有子初长成

——东坡的教育

屡次落第对苏洵的打击非常大，因此他经常到全国漫游，把教育几个孩子的任务都交给了自己的妻子程氏。

　　程氏乃是当地的大族程家的小姐，知书达礼，在丈夫不在家的时候她就承担起抚养、照顾几个孩子的重要任务。程氏经常教导苏东坡兄弟二人读书，为他们讲历史上的一些英雄人物，激励兄弟二人从小就要胸怀大志。苏辙在《亡兄子瞻端明墓志铭》中记载了这样一则事情：

　　　　公生十年，而先君宦学四方。太夫人亲授以书，闻古今成败，辄能语其要。太夫人尝读《东汉史》，至《范滂传》，慨然太息。公侍侧曰：“轼若为滂，夫人亦许之否乎？”太夫人曰：“汝能为滂，吾顾不能为滂母耶？”公亦奋厉有当世志。太夫人喜曰：“吾有子矣！”[①]

　　　　　　①［宋］苏辙著，陈宏天、高秀芳点校：《苏辙集》第1117页。中华书局，1990年版。

苏东坡当时只有十岁，和母亲读到《范滂传》时，就表达出向范滂学习的志向。范滂为东汉名士，因党祸被害。据《后汉书·党锢列传》所载，范滂在被捕前与母亲诀别，母曰："汝今得与李（膺）、杜（密）齐名，死亦何恨？"于是范滂"跪受教，再拜而辞"，从容就义。而母亲程氏则对孩子的想法予以鼓励，许诺儿子苏东坡成为范滂式的人物，自己一定会像范滂母亲那样支持他。

我们任何时候都不能否认先天遗传基因的重要性，同时也不能够否认后天教育的重要性，二者只有相互结合，才能够使一个人真正地茁壮成长。

苏东坡与苏辙两个人就在这种轻松的环境当中自由地成长，自幼有着良好的遗传基因，又有着很好的家庭教育，所以兄弟二人在先天遗传以及后天教育方面都有良好的基础，因此各个方面成长得都非常出众。

苏东坡与苏辙兄弟两人年纪相差不到三岁，但是性格却迥然不同。苏东坡比较活泼、坚毅、勇敢，而苏辙却相对敦厚、温柔、内敛了很多，兄弟两个和谐相处，性格互补。

后人对苏家兄弟二人的名字颇感好奇，为什么起了"轼""辙"这样跟车有关系的名字呢？

苏洵有一篇《名二子说》，对于两个孩子姓名的来历以及对他们的期望做了详细的描述。

　　轮、辐、盖、轸，皆有职乎车，而轼，
独若无所为者。虽然，去轼则吾未见其为完
车也。轼乎，吾惧汝之不外饰也。天下之车

莫不由辙，而言车之功者，辙不与焉。虽然，车仆马毙，而患亦不及辙。是辙者，善处乎祸福之间也。辙乎，吾知免矣。[①]

　　"轼"是指古代车厢前用作扶手的横木。苏洵认为，轼看似可有可无，却是车中必不可少的，而且是突出在外的。因此希望苏东坡能够出人头地，显露自己的才能。而"辙"是车轮轧出的印记，不属于车的范畴，夸耀车的时候根本不会提及辙，但车马遭受祸患、发生严重交通事故时，辙也不会受到损害，只要车走过了，辙就会留下来。所以，"辙"是能够在祸福之间得以保全的。苏辙的性格温和敦厚，苏洵认为自己的小儿子一定能够保全自己。

　　知子莫若父。苏洵对两个儿子可谓非常了解，预言很准确。

　　苏洵早年游历全国名山大川，后来又多次离开家乡四处游学，见多识广。每当他回到家中的时候，就给苏东坡、苏辙兄弟二人讲述自己的旅途见闻，带着他们神游祖国的美好山河。苏东坡兄弟二人从父亲这里学到了很多历史文化、文学的知识。看到两个儿子的成长，苏洵也是特别的满意。苏东坡在良好的家庭教育以及良好的学校教育下锻炼了一身本领，有利于他将来走向社会的时候来充分发挥自己的才干。在苏东坡、苏辙的启蒙教育中，母亲程氏和父亲苏洵起到了至关重要的作用。

---

　　① [宋] 苏洵著，曾枣庄、金成礼笺注：《嘉祐集笺注》第414页，上海古籍出版社，1993年版。

有一次苏洵让苏东坡写一篇文章，题目是"夏侯太初论"。夏侯太初名叫夏侯玄，是三国时期魏国的一个有名的大臣。当时司马师继承他父亲司马懿的职位之后专权篡政，担任大将军的职务。夏侯玄参加了推翻司马师的密谋活动，结果事情泄露被捕，被处以斩刑。在临刑时夏侯玄颜色不改。据说夏侯玄平时处世时就非常镇静。有一次他靠着柱子在那里写字，正巧天降大雨，雷电交加，一道闪电一下子劈中了夏侯玄所倚靠的柱子，把他的衣服都烧焦了，但是夏侯玄"神色无变，书亦如故"。可以看出来这个人内心的沉稳与临事的镇定。苏东坡对于夏侯玄的评价非常高，说他能够面临突发事情的时候保持镇静的心境是非常难得的。如果一个人面对着惊雷能够面不改色，没有任何的慌乱，那么可以看到他内心的镇静程度。这篇文章苏洵评价非常高。

还有一次，苏洵读到了欧阳修的一篇奏章《谢宣召赴学士院仍谢赐对衣金带及马表》，苏洵对欧阳修的这篇文章大加赞赏。因为苏洵一直喜欢上古之文，前面屡试不第的原因就是他的文风跟当时科考的主导文风不相符。

也算他命中没有欧阳修这样的贵人，欧阳修主持科考的时候苏洵却没有去考试。

但是苏洵对欧阳修的这篇文章评价特别高，于是让苏东坡仿写一篇。

苏东坡仿写的文章令苏洵非常满意，并且得意地说："我儿子将来也一定会写这样的文章。"意即说，苏东坡也会得到皇帝赏赐的对衣、金带、马表等赏赐之物。

没想到苏洵的预言真的成为现实，后来苏东坡多次得到皇帝赏赐的这些物品，也就多次地写这样的谢表。有一次苏东坡还把自己童年时模拟欧阳修的这篇文章中所用的句子写了进去。

宋仁宗庆历三年（1043），苏东坡八岁，已经不适合在家里继续上学，需要接受系统的学校教育。因此苏洵把两个儿子送到了四川一个有名的道士张易简那里就学。张易简虽然是个道士，但是非常关心国家大事，学识也好，在当地很有名气。

四川自古以来道教发达，有很多著名的道士。唐代大诗人李白在初次出川的时候，就拜见了当时著名的道士司马承祯，被司马承祯夸赞为"有仙风道骨，可与神游八极之表"。司马承祯当时的地位极高，被喻为"活神仙"。而得到"活神仙"夸赞有"仙风道骨"，李白的名字一下子享誉全国。

宋仁宗庆历年间，正好朝廷任用范仲淹、韩琦、富弼、欧阳修等人对政事进行改革，查处贪官污吏，这次改革被称为"庆历新政"。这本来是北宋初期的一次政治革新，但后来因为保守派大臣的强烈反对，这次改革遭到了失败。范仲淹等人也纷纷被贬官，放逐到偏僻的地方。国子监的一位官员叫石介写了《庆历圣德诗》对范仲淹等人加以颂扬。这首诗很快在全国流传开来，京城来到四川的一位朋友给张易简也手抄了一份。张易简看着这首诗，越看越激动，夸赞连连。

苏东坡当时只是一个孩童，从来没有见过老师这么激动，感到十分好奇，就凑在老师身边。苏东坡看了几遍，基本能够把整首诗背下来，但是对诗中所提的范仲淹、韩琦、富弼、欧阳修等人，从来没有听说过。于是就好奇地问张易简："这些人都是做什么的？"

张易简以为一个孩童，给他讲政治大事，有点太早，就像教育小孩子平常的口吻一样说："小孩子嘛，这样的事情不知道为好。"

苏东坡闻言，很不服气地说："如果这些人都是天上的人，那么我自然没有必要知道，但如果都是地上的人，为什么我就该不知道呢？如果现在不告诉我，将来长大之后我也一定会知道的。"张易简也没想到苏东坡小小年纪就能够说出如此的话来，十分惊讶，就把他拉了过来坐在自己的面前，把"庆历新政"的来龙去脉和诗中所赞扬的人物一一做了介绍。并且告诉苏东坡：国家的改革是必需的，而范仲淹、韩琦等人的做法又是十分正确的，却因为奸人当道没有能够进行下来。任何的改革阻力都是非常大的，而为改革献身的人也大有人在。

最后张易简非常激动地说："这样的一些人都是国家的中流砥柱。"

苏东坡虽然年纪小，但听了张易简的介绍，对这些人也肃然起敬，暗自立下志愿，长大之后也要像这些人一样，做一个杰出的人物。

苏东坡此时也没有想到，自己后来的政治生涯比这四个人还要波澜壮阔得多。

宋仁宗至和元年（1054），苏东坡已经十九岁，周岁实际只有十七岁，已经到了婚配的年龄，苏洵给他娶妻王弗。

据传苏东坡和王弗两个人年轻时候便相识，互有爱慕之心，此时结为伉俪，俩人感情会越来越深。可惜这方面的史料证据不多，没有办法详细考证。

苏东坡的学术起点非常高，加上他才华出众，悟性过人，很快成长为一个学识渊博、见解卓异、文采斐然并且果决自信的青年。

这一年，苏东坡有一个贵人出现。当时北宋的名臣张方平到成都来任地方官。苏洵带领苏东坡和苏辙兄弟去拜谒张方平，并将苏家兄弟二人的文章拿给张方平看。苏东坡、苏辙的文章深受张方平赏识，张方平鼓励兄弟二人去进京参加进士科考试，并亲自写了一封推荐信交由苏洵，交给京城的韩琦、富弼、欧阳修等人，让他们多多举荐苏家兄弟二人。

由此可见唐代大文豪韩愈所云"千里马常有，而伯乐不常有"是多么正确，千里马遇到伯乐真是难得的幸事。

三苏京城显文名

——东坡的科考

参加科考对于苏东坡的一生影响巨大，从此他踏上了云谲波诡的仕途，也开始了一生的传奇。

按照北宋当时科考的规定，首先要经过府试，就是地方选拔考试，然后再经过中央礼部的考试以及皇帝的殿试，才能获得进士身份。苏东坡兄弟二人并没有在眉州参加府试，他们准备到京城汴京（今河南省开封市）去参加考试。宋仁宗嘉祐元年（1056），苏洵带着苏东坡、苏辙兄弟二人，携带着张方平写给韩琦、富弼、欧阳修等人的推荐信到汴京参加府试。兄弟二人第一次离开家乡，一路上沿途的风景让兄弟二人非常兴奋，古语云"读万卷书行万里路"，兄弟二人已经饱读诗书，如今万里行程对他们来讲是大开眼界的一个机会。

科举考试对于历史上的诸多读书人来说，是一个"跳龙门"的机会，产生了许许多多的悲喜故事。多少人皓首穷经，寒窗苦读，仍名落孙山，郁郁一生。而对于经纶满腹的苏家兄弟来说，科考似乎简单得很。

这一年八月，苏东坡、苏辙兄弟在开封府双双考中进士。此时苏洵对于科考已经失去了信心，觉得自己年事已高，不堪再经受落第这样的屈辱，就没有参加这次考试，否则中国历史上也许会留下父子三人同科考中的佳话了。但是他把自己的文章也拿给韩琦、富弼、欧阳修等京城的名士、权贵们看，获得了一致赞赏。这些名人认为苏洵的文章也是非常出色，可惜生不逢时，他参加科考的时候流行华丽的文风，苏洵那样平实的文章不受待见。

人生的机遇是非常重要的。对于很多人来讲，一生的机遇可能就是几次大的考试，在关键的考试中取得成功，一生可能就会飞黄腾达；如果几次重要的考试没有考好，一生可能就会活得很挣扎。

按照宋朝科举的规定，经过府试选拔之后，还要经过中央礼部的考试和皇帝亲自主持的"殿试"，被录取后才能授官。当年主持礼部考试的是欧阳修，他以礼部侍郎身份执贡举。北宋科考的制度非常严格，考官也必须入闱，在阅卷完毕之后才可以出来。所有的考生进入考场的时候，都由专门人员搜身，防止携带作弊。而考生答完卷之后，所有的试卷都是将名字糊起来，并且由专门的写手把所有的试卷重新抄写一份，防止作弊。

欧阳修担任此次礼部考试的主考官，他所出的题目是《刑赏忠厚之至论》，其意指对国家理政方面是应该严酷刑罚、推行法治，还是应该宽容待人、推行德治？

再次踏入考场，苏东坡信心满满，志在必得。面对这样的考题，他经过深思熟虑，数易其稿，最后成文的仅仅是六百余字。苏东坡用词非常简省，论述却非常深刻。他对于题目分析得非常透彻，指出无论赏和罚都应该本着爱民之身、忧民之切的忠厚之心来治理天下，才能够取得好的效果。苏东坡在《省试刑赏忠厚之至论》这篇文章中引用了一段典故：

> 当尧之时，皋陶为士，将杀人，皋陶曰杀之，三。尧曰宥之，三。故天下畏皋陶执法之坚，而乐尧用刑之宽。[①]

"士"为当时执掌刑罚的官员，皋陶执法严格，坚决要杀掉罪犯。而尧本着仁爱之心，提出宽恕的理由。"宥"即宽恕之意。百姓们知道了这件事，一方面敬畏于皋陶执法的严格，一方面感恩于尧的宽容待人。苏东坡文章中的这个典故准确地把自己关于"刑"与"赏"在施政中的使用态度表达出来。

关于苏东坡的这次考试，还引起了中国历史上的一段佳话。据宋代大诗人陆游的《老学庵笔记》卷八记载：

> 东坡先生《省试刑赏忠厚之至论》有云："皋陶为士，将杀人，皋陶曰：'杀之。'三。尧曰：'宥之。'三。"梅圣俞为小试官，得之以示欧阳公。公曰："此出何书？"圣俞曰："何须出处！"公以为皆偶忘之，然亦大称叹。初欲以为魁，终以此

---

① [宋] 苏轼著，孔凡礼点校：《苏轼文集》第33页，中华书局，1986年版。

不果。及揭榜，见东坡姓名，始谓圣俞曰：
"此郎必有所据，更恨吾辈不能记耳。"
及谒谢，首问之，东坡亦对曰："何须出
处。"乃与圣俞语合。公赏其豪迈，太息不
已。①

据陆游的记载：在阅卷之时，首先将可能录取的少部分
试卷初步筛选出来，再从中选择优秀者。当时梅尧臣也是考
官之一，他唯恐黜落的大部分试卷中有遗落的优秀之作，因
此于中返检。当他看到这篇文章之后，认为此文虽然篇幅不
长，但是论述深刻，尤其是考卷中引用的这则材料，事例生
动，非常准确地解读出考题的原意。

梅尧臣自己不敢决定，于是将这篇文章拿给主考官欧阳
修看。欧阳修看完之后也大加赞赏，但是对于尧和皋陶事例
的出处不太清楚。问："这出处在哪里呢？"

而梅尧臣说："何需出处？"意思就是说，写这样的事
情不用出处。

欧阳修以为自己跟梅尧臣都是忘记了这个典故，也没好
意思追问。欧阳修最初想取苏东坡为第一，但是最终还是没
有录为第一。等到放榜的时候，看到是"苏东坡"的名字。
欧阳修对梅尧臣说："此人写的这个典故一定是有出处，可
惜我们记不住了。"

北宋的制度，当年录取的考生要尊主考官为座师，结成
师生关系，即形成北宋文人集团的形式之一。等到门生们拜

---

① 《文渊阁四库全书》子部第865册，第68页。

见座师的时候，欧阳修就问苏东坡："你的文章典故出处在哪里？"

苏东坡说："何需出处？"同梅尧臣的回答是一样的。

由此欧阳修对苏东坡大加赞赏。

宋代大诗人杨万里的《诚斋诗话》也记载了这个事情，更加生动一些。

> 欧阳作省试知举，得东坡之文，惊喜，欲取为第一人，又疑其是门人曾子固之文，恐招物议，抑为第二。坡来谢，欧阳问坡所作《刑赏忠厚之至论》有"皋陶曰：'杀之。'三。尧曰：'宥之。'三。""此见何书？"坡云："事在《三国志·孔融传》注。"欧退而阅之，无有。他日再问坡，坡云："曹操灭袁绍，以袁熙妻赐其子丕。孔融曰：'昔武王伐纣，以妲己赐周公。'操惊问：'何经见？'融曰：'以今日之事观之，意其如此。'尧、皋陶之事，某亦意其如此。"欧退而大惊曰："此人可谓善读书、善用书，他日文章必独步天下。"然予尝思之：《礼记》云："狱成，有司告于王。王曰宥之，有司曰在辟；王又曰宥之，有司又曰在辟。王三宥不对，走出，致刑于甸人。"坡虽用孔融意，然亦用《礼记》故事，其称王谓"王"，三皆然，安知此典故

不出于尧？^①

这则材料主要是说，欧阳修看到苏东坡这篇文章之后非常高兴，准备录取为第一名，但是一想："在这些考生当中谁能有这样的水平呢？肯定是自己的学生曾子固（即曾巩）能写出这样的文章。"曾巩也是"唐宋八大家"之一，中国历史上著名的诗人、散文家。欧阳修又担心录取曾巩为第一名会招来非议，别人会说自己徇私舞弊，于是就把这份试卷录取为第二名。

结果放榜时才知道，这份试卷的主人不是曾巩，而是苏东坡。

在门生拜见座师的时候，欧阳修问苏东坡在《刑赏忠厚之至论》中所用典故见于何书。苏东坡说："事见《三国志·孔融传》注。"

欧阳修很奇怪，因为自己熟读史书，《三国志》也读过很多遍，并不记得这样的典故，但担心自己是偶然忘记了，没敢当面反驳。回来之后，欧阳修反复地翻检不同版本的《三国志》，都没有看到这个典故。

某一天，欧阳修再次问起此事，苏东坡对他解释道：当年曹操灭掉袁绍之后，曹丕冲入袁氏的后堂，看到一帮女眷抱在一起哭哭啼啼，其中有一个年轻女子，形体甚美。曹丕拽过来用袖子拭去女子脸上的泪痕，发现长得非常美丽，此女即袁绍二儿媳、袁熙的妻子甄氏。于是曹丕说："你们不用担心，我来保你们活命。"待曹操入城之后，责问曹丕：

---

① 《文渊阁四库全书》集部第1480册，第736页。

"你不帮我安顿军务，冲入人家内宅做什么？"曹丕这一年只有十七岁，他把甄氏拽了过来给曹操看。曹操说：此女如此漂亮，"真吾儿妇也"，于是就把甄氏赏给了曹丕。

此事正好被当时的北海太守孔融所见。孔融乃孔子的嫡传后人，他对曹操这种不顾大局、只顾个人私利的做法非常不满，于是在旁边讽刺说："想当年武王伐纣的时候，把妲己这样一个妖女赏给了周公。"曹操很奇怪，说："哪本经书当中记载这个事情？"孔融说："从今天的事情看，我推测当时可能有这样的情况。"实际孔融乃是讽刺曹操，曹操对此非常不满，怀恨在心，后来找个借口把孔融杀掉了。

苏东坡说："尧跟皋陶的事情，我猜测当时也会有这样的事情，因此杜撰出这样的一个典故。"

欧阳修听了以后不但没有生气，反而夸奖苏东坡说："此人可谓善读书，善用书，能够活学活用，将来文章必独步天下。"并预言："三十年恐怕世上不会有人记得老夫了。"

欧阳修曾在《与梅圣俞四十六通》其三十一中对梅尧臣说："读轼书，不觉汗出，快哉快哉！老夫当避路，放他出一头地也，可喜可喜！"[①]能够得到当时文坛领袖欧阳修的如此夸奖，苏东坡名声大噪，很多人都以结识他为荣。

可以说，苏东坡最初踏入仕途的时候连遇贵人，从张方平到梅尧臣、欧阳修等，都对他的才华赏誉有加，而且予以提携。如果没有这些伯乐，恐怕苏东坡这匹千里马也不会被

---

① [宋]欧阳修著，李逸安点校：《欧阳修全集》第2459页，中华书局，2001年版。

世人所知。

兄弟二人在殿试的时候，也同样让仁宗皇帝非常满意，两个人双双考中进士。仁宗皇帝下朝之后，对皇后说："我为后世的子孙谋得了两个宰相。"这个赞誉是极高的，而这句话也为后来苏东坡身陷囹圄时助他脱困打下伏笔。加上苏洵的文章也被欧阳修、韩琦等人大加赞赏，因此"三苏"名满京城，父子三人可谓春风得意，志得意满。

正当苏家父子三人准备大展宏图之时，没想到传来惊天噩耗，苏东坡、苏辙的母亲程氏在家病逝。于是父子三人只能匆匆赶回四川去为程氏料理后事，将程氏安葬在眉山边的一座山清水秀的坟地。这里山势不是很高，但是苍松翠柏，周边满是柑橘园，环境清幽。

苏东坡和苏辙为母亲在家守孝。守孝二十七个月之后，苏洵为苏辙也娶了妻，而苏东坡的妻子王弗此时正好也怀孕了。王弗怀孕的时候恰恰是在守孝之后，非常恰当。因为在古人看来，在守孝期间如果有这样的事情，会遭到很多人的非议，所以说王弗的怀孕时间很恰当。

嘉祐四年（1059）十月，苏洵带着苏东坡、苏辙以及两个儿媳妇再度离开四川老家赶赴京城。此次出川与第一次出川心情大不一样，第一次到开封府应试，前途未卜。而此时父子三人离川再度赴京是准备实现他们的政治抱负，美好的前程似乎在前面已经展开了。

父子三人带着家眷走水路出三峡，到江陵之后改走陆路。一路上山川秀美，风景秀丽，沿途的风土人情让父子三人大开眼界。三人把在途中所见所感用诗文的形式表现出来。父子三人在途中总共作了一百首诗，把它编为《南行集》，其中有苏东坡的诗歌四十首。从这里可以看作是苏东坡诗歌创作的起点。登上文坛伊始苏东坡就展现出超群的文学才能，比如这首《江上看山》：

> 船上看山如走马，倏忽过去数百群。
>
> 前山槎牙忽变态，后岭杂沓如惊奔。
>
> 仰看微径斜缭绕，上有行人高缥缈。
>
> 舟中举手欲与言，孤帆南去如飞鸟。①

整首诗按照诗人立足点的移动而写，船的行走也带来景物的变化。诗人写船行速度之快，犹如跃马奔驰一般。首句写在船上看山就像奔跑的马一样，此时诗人是把自己的立足点"船"作为一个不动点，而山则相对船来说就是运动的，所以说船似乎没有动，那些山"倏忽过去数百群"，转瞬之间就像跑过去几百匹马一样。周围的景物随着变化，山势的形状也发生了很大的改变。因此"前山槎牙忽变态"，前面的山刚刚有一些形貌的改变，后面的山就像奔跑的马一样冲了过来。在这景物描写当中诗人用了"前""后"等方位词，营造出一个极为动感的氛围。诗人在写景物的同时，又写了在云雾缭绕的山径当中似乎有人出现。"舟中举手欲与言"，说明诗人想和这个人交流，因为这个人不知道是砍柴的，还是采药的，还是山中的隐士。但此时诗人的立足

---

① ［宋］苏轼著，［清］王文诰辑注，孔凡礼点校：《苏轼诗集》第16-17页，中华书局，1982年版。

点又发生了变化，也就是说以山作为不动点，那么船则是动的了，小船像飞鸟一般飞走了。整首诗诗人的立足点是在船上，但他却借用了"物体相对运动"的原理，就是先以船为不动，山则是动的；结尾又以山为不动，则船就是运动的。现代物理上的"相对运动"苏东坡肯定是不懂的，但是他无意当中却运用了这一科学原理，同时把诗人的主观感受明确地表现出来。整首诗轻快自然，如瀑布奔流、水银泻地一般，毫无滞涩感，真正体现了苏东坡主张的"好诗如弹丸"的诗学观点。

对于苏东坡这样的文坛巨擘来说，一出手即是不同凡响。苏东坡此时的创作既有很高的艺术造诣，同时也初步形成了自己的艺术理论。他在《〈南行前集〉叙》当中有一段明确的记载：

> 夫昔之为文者，非能为之为工，乃不能不为之为工也。山川之有云雾，草木之有华实，充满勃郁，而见于外。夫虽欲无有，其可得耶！自少闻家君之论文，以为古之圣人有所不能自已而作者，故轼与弟辙为文至多，而未尝敢有作文之意。己亥之岁，侍行适楚，舟中无事，博弈饮酒，非所以为闺门之欢，而山川之秀美、风俗之朴陋、贤人君子之遗迹、与凡耳目之所接者，杂然有触于

中，而发于咏叹。①

　　苏东坡在这篇《叙》当中明确提出，做文章并不是以追求字句的工整为主要目的，而应该在自然而然当中体现出文字的修饰及文章设计。接下来苏东坡所举的例子山川、云雾、草木、开花结果等，这些都是能够展现出物体外在的一些形貌。作者完全可以通过这些外在的形貌产生自己的审美感悟。苏东坡说，父亲苏洵在教他们作文的时候，一定要像古人那样内心真正有所感悟之后，才来写文章。因此苏东坡和苏辙从小写文章就一直以写真情实感为主，而不是为了作文而作文。接下来苏东坡把自己沿途当中这些经历以及自己所见、所听、所感真实地表达出来，行诸文字。苏东坡在文章中指出，如果做文章是在内心有所感悟之后，内心的真情实感发而为文章，一定是为情造文，决不能为文造情。也就是说不能内心没有什么真正的感悟，为了写文章而写文章。

　　苏家父子三人到了京城之后，安顿好家人，准备开始新的生活。

　　嘉祐五年（1060）二月，苏东坡担任河南府福昌县（今河南宜阳县西）主簿。主簿仅仅是一个县里的文职官员，级别比较低。苏辙也任主簿，友人就对苏家兄弟二人说："你们胸怀大志，将来要成就一番大事的，如果从主簿的官职开始，起点未免太低了，将来恐怕很难大展宏图。"

　　苏东坡兄弟二人听从了劝告，决定不去赴任，准备第二

———————

　　① ［宋］苏轼著，孔凡礼点校：《苏轼文集》第323页，中华书局，1986年版。

年参加礼部的一个内部选拔考试。

第二年八月，苏东坡应礼部"贤良方正能言极谏科"考试，考入了第三等，苏辙考入了第四等。乍听起来，第三等似乎不是很高，北宋当时的礼部选拔考试共分作五等，但一等、二等都是虚设，也就是说从来没有人考入一、二等，第三等就是最高的。而且自宋初以来只有吴育和苏东坡两个人被录入第三等，整个北宋也只有四个人，另两个人是范百录和孔文仲。因此第三等就是一个极高的荣誉，也是一个极高的等级。

主持这次礼部选拔考试的是著名的北宋大臣司马光，就是从小砸缸那位。司马光准备把苏辙也录入第三等的，但是因遭到了王安石的强烈反对而作罢。

提到王安石，不得不说王安石和苏家的恩怨。

王安石性格执拗，有"拗相公"之称。此时他还没有开始变法，但是他和苏洵一直处不来，苏洵对王安石的言行举止相当看不惯，认为此人必是一个大奸之人。而王安石对苏洵以及苏东坡、苏辙的文章也评价不高，王安石曾说："如果当时我主持科考的话，苏家兄弟二人不可能考中进士的。"因此这次礼部选拔，他强烈反对把苏辙也列入第三等。没有办法，司马光只好把苏辙列入了第四等。

王安石的父亲去世之后，其他的文武群臣都去吊唁，苏洵不仅没有去，还写了一篇《辨奸论》来痛骂王安石，指责王安石是个奸臣、小人。这篇《辨奸论》是否真正是苏洵所作，迄今仍然有争议。如果真是苏洵所作，那么苏洵的做法确实也有不妥之处，实在是不近人情。但是从此也看出苏洵和王安石关系不睦，也连带着为以后苏东坡、苏辙与王安石的党争埋下了伏笔。

苏东坡考入了"贤良方正能言极谏科"，从这个考试名目就能够看出来他应考的是谏官，是为国家大政方针提建议的。通过考试后，苏东坡被授予大理评事、签书凤翔府（治所在今陕西凤翔）签判的职务。签判即知府的助理，担任这样的职务，起点就比一个县的主簿要高得多，苏东坡欣然赴任。

弟弟苏辙在这次礼部考试当中列入了第四等，被任命为商州推官，治所在今陕西商县，同哥哥一样，都是正八品的官职。苏洵当时奉命在京城担任官职，负责修礼书，所以兄弟二人必须有一个人留下来照顾父亲，因此苏辙就留在京中照顾父亲，苏东坡则去陕西凤翔任职。应该说苏东坡、苏辙一个在为国尽"忠"，一个在为家尽"孝"。

嘉祐六年（1061）十一月，苏东坡赴任，弟弟苏辙一路相送，兄弟二人手足情深，依依不舍。经过渑池（今河南省渑池县东）时，苏辙写了一首《怀渑池寄子瞻兄》诗，苏东坡则写了一篇和作《和子由渑池怀旧》：

> 人生到处知何似？应似飞鸿踏雪泥。
>
> 泥上偶然留指爪，鸿飞那复计东西。
>
> 老僧已死成新塔，坏壁无由见旧题。
>
> 往日崎岖还记否？路长人困蹇驴嘶。①

---

① ［宋］苏轼著，［清］王文诰辑注，孔凡礼点校：《苏轼诗集》第96—97页，中华书局，1982年版。

首句写人生漂泊无定，就像飞鸟在雪地上一样，偶然留下了指爪印，但鸟却不知道飞向哪里去了。"雪泥鸿爪"也成为一个成语，用以感慨人生的漂泊无定。苏东坡和苏辙当年进京赶考的时候，曾经在渑池这里一间寺庙留宿过，如今老僧已死，在墙壁上还能看到以往题的诗句。苏东坡回忆说，上次经过这里时路途的艰辛是否还记得呢？如今物是人非，再次经过这里，使人感慨世事漂泊不定，人生短暂。全诗以真情写出，并不用典使事，语句亦平，但真挚感人。作为中国历史上著名的诗人，"放笔快意"是苏东坡在诗歌创作中的一贯风格，也是他性格的真实体现。

仕途起点凤翔府

——东坡的从政

陕西凤翔距离京城汴京有一千一百多公里，当时地处宋与西夏国的交界之处，为边防重镇。西夏当时连年入侵，并且在军事上屡屡获胜，而西夏政权的入侵以及烧杀抢掠给凤翔当地的百姓造成了极大的痛苦。在庆历四年（1044），宋朝和西夏达成了议和协议，宋朝每年向西夏进贡大量的银两和绢帛，才换来西部地区的短暂安宁。但是沉重的赋税、徭役压得百姓喘不过气来，百姓的生活也非常困苦。

苏东坡在赴任的途中就看到了当地百姓生活的困难景象。到了凤翔之后，他更感觉到边境上的徭役给百姓带来的苦难，加之当地的自然灾害等造成民不聊生的情形，让苏东坡感慨良多。他最早的民本思想、对地方治理的经验也就是从这个时候开始的。苏东坡到了陕西凤翔府之后，积极参与地方事务。苏东坡全心辅佐上司，体恤民情，对于经历的自然灾害，如严重的旱情等，他积极投身于抗灾之中，甚至与当地的百姓一起去求雨。

苏东坡在此后多处的地方官任上都曾遇到旱灾，他也都积极进行求雨。神奇的是，苏轼的求雨往往都得以应验。

早在庆历三年（1043）范仲淹等实行"庆历新政"的

时候，苏东坡就对朝廷大事予以关注。新政失败之后，国家的危机加重，苏东坡写了很多政论文表达自己的看法，如《策别》十七篇、《策断》三篇等。在这些文章当中苏东坡指出：现在国家表面一片承平景象，实际隐藏着严重的社会危机，"天下有治平之名，而无治平之实"①（《策略》一）。表面上看一片繁荣，但实际上并没有达到这样的社会效果。"当今之患，外之可畏者，西戎、北狄，而内之可畏者，天子之民也。西戎、北狄，不足以为中国之大忧，而其动也，有以召内之祸。内之民实执存亡之权，而不能独起，其发也必将待外之变。"②（《策断》上）。苏东坡指出，当今的内忧外患都存在，外面的边患是西戎、北胡，也就是少数民族政权对北宋政权的威胁。而内最可怕的是这些所谓的天子之民。西戎、北胡不足以灭亡北宋，但是边境上的战乱容易使内部人民发生起义，而"内之民"是国家存亡的关键。内部的人民起义往往不能够单独发生，一旦边境上有战乱的时候就会借机而起。可以看出苏东坡对当时的政治形势的分析是非常透彻的，这与他礼部所应试"贤良方正能言极谏科"是密切相关的，他一直以国家大事为己任，可谓"处江湖之远则忧其君，居庙堂之高则忧其民"，同范仲淹等人的政治抱负是一致的。这也是苏东坡从小打下的良好的政治基础。

苏东坡初到陕西凤翔，顶头上司凤翔知府宋选是一位德

---

① ［宋］苏轼著，孔凡礼点校：《苏轼文集》第226页，中华书局，1986年版。

② ［宋］苏轼著，孔凡礼点校：《苏轼文集》第280页，中华书局，1986年版。

高望重的仁厚长者。苏东坡对宋选十分敬仰，他们相处得也愉快。苏东坡对于政事用力颇勤，初步锻炼了在地方工作的能力。

苏东坡和凤翔还有一段小渊源。在嘉祐元年（1056），苏东坡进京赶考的时候就路过凤翔，本想在官府的驿站投宿，却没想到这里破败不堪。六年以后，苏东坡再来凤翔，发现这里的馆舍已经在宋选的亲自关照下重新整修过，这件事给苏东坡很大的触动。于是苏东坡写了一篇《凤鸣驿记》来感慨自己这段生活，在文中感慨道：

> 古之君子不择居而安，安则乐，乐则喜从事，使人而皆喜从事，则天下何足治软。后之君子，常有所不屑，使之居其所不屑，则躁，否则惰。躁则妄，惰则废，既妄且废，则天下之所以不治者，常出于此，而不足怪。①

苏东坡在文中指出，古时的君子都能随处而安，不在意条件的好坏，而能用心做事，则天下一定能够大治。而现在的人，常常认为身边很多事情都不值得做，而让他们做所不屑的事情，就会焦躁，要不就懒惰。焦躁则胡作非为，懒惰则悲观厌世，有这些情绪在其中，天下达不到"治"，也就不足为怪。

①［宋］苏轼著，孔凡礼点校：《苏轼文集》第375页，中华书局，1986年版。

苏东坡最初踏入仕途就有了宋选这样一位上司，对苏东坡的从政生涯影响比较大，苏东坡从宋选这里学到了很多为官之道、为民之道。

然而事情并不像自己想象的那么圆满，后来宋选调走，另一位太守调到陕西凤翔，这位太守叫陈希亮。陈希亮是苏轼的同乡，是武将出身，为人比较刻板、严厉。他曾经有过一些政绩，对少年得志的苏轼有一些看不惯。苏东坡因为遇到过宋选这样的好上司，和陈希亮也很难相处得来。

自古以来，为官之道中和上司的相处是最难的，有人相处得好，那么上司平步青云，自己也随之高升，有人和自己的上司相处不好，直接影响到自己的仕途。看来同上司相处之道是为官的重要一环。

而苏东坡却没有汲取这样的经验，在和陈希亮的相处过程当中，两人经常因为政见不和发生冲突，甚至陈希亮向朝廷上报，奏明苏东坡违抗自己的命令。官大一级压死人，苏东坡有的时候争论不过太守，他内心也充满了不满。

有一次陈太守建了一座凌虚台。古人建了亭台楼榭之后往往请一些名士写一篇记，用来抬高自己的亭台楼榭的身价，显示此处的文化氛围。苏东坡在文坛上初露头角，陈希亮就命苏东坡来写这篇文字。苏东坡本来对陈太守就心存不满，而且认为他是武将出身，文化水准远远不如自己，因此在这篇《凌虚台记》当中就写下了一些贬低陈太守的文字，如：

尝试与公登台而望，其东则秦穆之祈

年、橐泉也，其南则汉武之长杨，五柞，而其北则隋之仁寿，唐之九成也。计其一时之盛，宏杰诡丽，坚固而不可动者，岂特百倍于台而已哉？然而数世之后，欲求其仿佛，而破瓦颓垣无复存者，既已化为禾黍荆棘丘墟陇亩矣，而况于此台欤！夫台犹不足恃以长久，而况于人事之得丧，忽往而忽来者欤！而或者欲以夸世而自足，则过矣。盖世有足恃者，而不在乎台之存亡也。[①]

　　古人写亭台楼记自然是以表扬为主，如最有名的"初唐四杰"之一王勃的《滕王阁序》，洋洋洒洒，风流千古，"落霞与孤鹜齐飞，秋水共长天一色"更是佳句不二。苏东坡则表扬当中有一些贬低。本来是新台落成，应该是喜庆的日子，但苏东坡却在文章结尾假想将来凌虚台崩塌之后毁坏的景象，这在古人看来一般不是很吉利的，而且也暗讽陈太守目光短浅，不知山外有山、城外有城。这在中国的记志文当中是非常罕见的。陈太守也是比较有肚量，把苏东坡写的《凌虚台记》一字未改，照原样刻在石碑上，从这点可以看出来陈希亮也并非一个心胸狭小的人，心地并不坏。后来在二人分手之后，苏东坡也感觉到了这点，因此和陈家也有修好之意，两家多相往来，尽释前嫌。陈太守有一个儿子叫陈慥，字季常，却同苏东坡脾气相投，两人成了毕生的好友。

　　①［宋］苏轼著，孔凡礼点校：《苏轼文集》第350页，中华书局，1986年版。

后来苏东坡经历了"乌台诗案"被贬到黄州的时候，陈慥也在黄州隐居，两个人在荒远的黄州成为彼此精神上的支撑。

其间最有意思的事情就是产生了"河东狮吼"这样一个典故。陈慥为人豪爽、大度，喜欢饮酒骑马，喜欢和朋友谈天说地，经常和朋友在家里饮酒到后半夜。而陈慥的老婆柳氏心胸比较狭窄，牢骚满腹。有一天半夜，苏东坡和陈慥正谈得高兴，柳氏在隔壁大吼一声："都已经这么晚了，你们还不睡觉，想要干什么？"把大家吓了一跳，谈兴索然。

于是苏东坡就写了一首诗《寄吴德仁兼简陈季常》，其中就有：

> 龙丘居士亦可怜，谈空说有夜不眠。
> 忽闻河东狮子吼，拄杖落手心茫然。[①]

"龙丘居士"指陈慥，"河东"是历史上望族柳家的郡望，此处代指柳氏。"狮吼"出自佛教故事，形容吼声震天。苏东坡在诗中说柳氏的吼声比较大，半夜一声吼，震天动地，令人胆战心惊。从此以后"河东狮"就成了悍妇的代名词。

在凤翔这段时间，苏东坡又遇见了人生当中另外一个重要的人物章惇。章惇命中注定是苏东坡后半生的克星。

此时章惇在他处为官，两人经常联络，关系较为密切。偶然的机会苏东坡路过章惇的治所，两人一起出去游览。

---

① [宋]苏轼著，[清]王文诰辑注，孔凡礼点校：《苏轼诗集》第1340页，中华书局，1982年版。

二人走入深山当中，前面有一条深涧，涧上只有一块狭窄的木板，下面是很深的悬崖，而且溪流翻滚，两侧巨石陡峭，非常危险。苏东坡和章惇走到这里，章惇提议从木板上走过去，到对面的悬崖峭壁上题字留念。苏东坡不敢，而章惇胆子非常大，他一个人走了过去，然后把绳子挂在悬崖上，自己垂到悬崖下面，在岩石上题写"苏东坡章惇游此"几个大字。随后又若无其事地从独木桥上走了过来。

苏东坡用手拍着他的肩膀说："你将来会杀人的。"

章惇问为什么，苏东坡说："敢于拿自己的性命赌博的人，也敢于取别人的性命。"这句话被苏东坡不幸言中。

治平二年（1065）正月，朝廷发生了重大的变化。宋仁宗已经在嘉祐八年（1063）去世，当时由韩琦等人从赵家宗室当中过继来的赵曙继位，即宋英宗，改元治平。

北宋的官僚体制重视京官，不重视地方官，哪怕是在京的官职比地方官略低，大家也宁愿回到京城当中任一个闲职。因此绝大部分地方官在任满之后都要寻求担任京官。但是也有人例外，比如说王安石，他就一直愿意做地方官，不愿意到朝廷上担任京官。王安石可谓性格独特，不走寻常路。

北宋的职官制度一般是三年一任，苏东坡在陕西凤翔府干满了三年，循例升为京官，又经历了一次学士院的考试，授职直史馆，也就是负责官民建议或申诉的机关。当时的英宗也久闻苏东坡的大名，想破格把苏东坡招入翰林院，让他担任知制诰或起居注的官职，就是负责给皇帝起草诏书，记录皇帝的言行，相当于皇帝的机要秘书，同时能够参与国家大事的决策。可以说是非常重要的一个职位，很多宰相都是从这一职位上擢升的。

但是英宗皇帝的这一想法遭到了宰相韩琦的反对。并非韩琦不待见苏东坡，相反韩琦认为苏东坡是一个难得的人才，将来一定会成就一番事业。但是他现在年纪尚轻，资历也浅，如果提拔得过快，不但不能令人信服，而且还会引起其他人的嫉妒，这不利于苏东坡将来的成长。

苏东坡的一生三起三落，在朝为官和在地方官任职时，他的政绩有所不同。往往在朝时主要的精力都投入党争之中，在地方官任上却能够把自己的政治才干发挥得淋漓尽致。这也是苏东坡多次外任时取得丰硕政绩的原因。

苏东坡在陕西凤翔任职满三年之后回到了京城当中，这样弟弟苏辙就获得了自由。因为苏东坡去凤翔做官的时候，苏辙不得不留在京中陪伴父亲苏洵。如今哥哥回京做官，苏辙便被派往大名府去做官。大名府离北京一百多里，并不算太远。

苏东坡再次经过朝廷上的选拔考试，即参加馆阁的考试，又以最高的等级"三等"入选，授官直史馆。这个官职虽然没有什么实际的权力，但是最为世人所重，认为是非常有文采的人才能做这样的官。而且是一个清要之职，将来从此位置上提拔的人大有人在。苏东坡也非常愿意做这样的官，可以借此饱览皇宫当中所收藏的各种珍贵的图书、字画等，正好满足自己追求文学、艺术的愿望。

生死茫茫断肠人

——东坡与王弗

正当苏东坡准备开始一段新的政治生活的时候，不幸降临了。宋英宗赵曙治平二年（1065）五月二十八日，苏东坡的妻子王弗因病去世，年仅二十七岁，留下儿子苏迈尚不满七岁。

苏东坡同王弗结婚十余年，夫妻二人伉俪相得，感情非常深厚。当年在眉山老家刚成婚时，苏洵经常全国漫游，而母亲程氏的年纪越来越大，王弗便辅佐丈夫在家里苦读诗书。有时苏东坡对于读书过程当中有一些疑问，弄不清楚出处，王弗便在旁边提醒是不是在某部书中。

苏东坡一查找，果然在此书中。他非常惊讶，没想自己的娇妻也饱读诗书。一些朋友经常找苏东坡出去玩，苏东坡作为一个十七岁的年轻人，也乐于和这些朋友去一些歌舞声色场所。王弗经常规劝丈夫说："父亲不在家，你是家中的长子，切不可玩物丧志，交友一定要慎重。"

苏东坡听从了妻子的建议，因此很少再出去同这些朋友玩，常在家一心苦读诗书。苏东坡在京城赶考，然后到陕西凤翔任官。前后这段时间王弗或在家服侍老人，或随苏东坡外任，吃了不少的苦。如今刚刚到京城安顿下来，王弗却去世了，这让苏东坡内心非常悲痛。

苏洵也对苏东坡说："你这个媳妇为你做了很多的事情，吃了不少苦，还没来得及享到福就去了。一定要把她的灵柩运回眉山老家，安葬在你母亲的墓旁。"

正所谓祸不单行，苏东坡还没有来得及把王弗的灵柩运回老家，第二年四月，父亲苏洵又与世长辞，只有五十八岁。此时苏洵承担的编写《礼书》任务刚完成，而自己撰写的《易传》则只写了一半。作为蜚声文坛的散文家，仕途一直不是很如意，也许是苏洵一生的遗憾吧。

苏洵的去世让苏东坡和苏辙不得不再次辞官，运送父亲以及王弗的灵柩回到老家守孝。这年六月，苏东坡、苏辙兄弟两个人由汴水入淮河，经江陵回到四川，把苏洵和王弗安葬在眉山老家，同程氏安葬在一起，兄弟两个人在家守孝。

慈父和爱妻的去世对苏东坡的打击很大。尤其是妻子王弗，苏东坡一直不能忘怀。在十年之后，苏东坡已经在密州任知州时，治理地方颇有政绩，自己的生活也安排得井井有条，但是还会不时地想起自己的结发妻子王弗。苏东坡在一天夜晚忽然梦到了自己的妻子重新回到自己的家中，就像从前的生活一样，夫妻两个四目相对，泪流满面。苏东坡从梦中醒来，才发觉这原来只是一个梦而已，因此写下了著名的《江城子·十年生死两茫茫》：

乙卯正月二十日夜记梦

十年生死两茫茫，不思量，自难忘。千里孤坟，无处话凄凉。纵使相逢应不识，尘满面，鬓如霜。

　　夜来幽梦忽还乡，小轩窗，正梳妆。相顾无言，惟有泪千行。料得年年肠断处，明月夜，短松冈。[①]

　　苏东坡感慨，夫妻两个人鬼殊途已经十年了，不用仔细去想，永远不会忘记夫妻的恩爱。苏东坡此时在密州任职，妻子王弗葬在四川眉山老家，相隔数千里。苏东坡此时经历了很多的人世沧桑，这种凄凉没处诉说。即使夫妻再次相见，恐怕都不认识了。苏东坡此时才四十多岁，但已经心力交瘁。苏东坡进而描写梦中重逢，"小轩窗，正梳妆"，妻子仍然像从前一样坐在窗前对着梳妆台梳洗打扮。本来有很多话要说，但此时一句话都说不出来，只有眼泪簌簌地流下。梦很快醒了，可想而知，此时苏东坡已经泪湿枕巾了。古人在墓地多植松柏，苏东坡感慨道：每年只能在明月夜来到妻子的坟前，和你倾诉的时候就是我断肠的时候。

　　在古代文人当中，悼亡诗词写得比较好的还有潘岳所写的《悼亡诗》三首，唐人元稹所写的《遣悲怀》三首、《离思》五首，宋代词人贺铸所写的《鹧鸪天》，俱是真情表白。

　　守孝期满后，苏东坡要和苏辙再次返回京城。返京之前，苏东坡又续弦再娶的妻子就是前妻王弗的堂妹，叫王闰之。十年前苏东坡曾经常到王弗家青神县去，当时王闰之只

――――――――――
　　[①]邹同庆、王宗堂著：《苏轼词编年校注》第141页，中华书局，2002年版。

有十来岁，对自己这个姐夫就非常崇拜。现在王弗去世，王闰之已经长成二十岁的大小姐了。苏东坡续弦的时候考虑到，一是因为王闰之是本家的亲戚，比较熟悉，二是因为王弗留下的孩子还小，由自己前妻的堂妹来照顾比较放心。所以苏东坡续娶王闰之为妻。苏东坡比王闰之大十一岁，此后苏东坡大半生的宦海生涯都由王闰之陪伴在身边，起起伏伏，不论是享受荣华的时候还是远贬在偏僻荒原的偏僻乡野，都离不开王闰之的悉心照料。

把家里的事都料理好之后，苏东坡和苏辙兄弟携着家眷返回京城。兄弟两人却没想到，这是最后一次回到眉山，从此以后宦海漂泊，他们再也没有能够返回到故乡，甚至连去世之后自己的尸骨也都没有安葬在故乡眉山。

有的时候，家乡一别就成了故乡。

山雨已来风满楼

——东坡与变法

宋神宗熙宁二年（1069），苏东坡和苏辙回到京城，却没有想到北宋朝廷正卷入一场波涛汹涌的改革当中，这场改革就是历史上著名的"王安石变法"。苏轼更没有想到的是，自己一生的政治生涯同王安石变法纠结在一起。

　　提到王安石变法必须要从北宋建国之初开始说起。960年，宋太祖赵匡胤通过"陈桥兵变"黄袍加身，取得了政权，接下来宋太祖、宋太宗两任君主对于晚唐五代以来的藩镇割据感触颇深，所以特别警惕强大的地方割据势力，于是两个人采取加强中央集权的政策，实施一系列强有力的措施，把军权、政权、财权等最大限度地集中在皇帝手中。

　　赵匡胤虽然是武将出身，但重用文人。961年，赵匡胤采用了宰相赵普的建议，开始削夺武将的兵权。

　　在一次宴请群臣的时候，赵匡胤突然痛哭流涕，手下的大将石守信等人都非常奇怪，赶紧跪下说："陛下何故如此悲伤？"

　　赵匡胤说："我们如今虽然取得了天下，但是兵权在你们手中，这样君臣猜忌，每个人生活都不很安心。"

　　石守信等茫然不知所措，说："那我们该如何呢？"

赵匡胤说："不如你们都隐退乡里，我多赏你们良田美宅，这样大家可以过着很安逸的生活。君臣之间也没有罅隙，岂不是更好？"

第二天，石守信等武将交出了手中的兵权。

这就是历史上著名的"杯酒释兵权"。

之后赵匡胤又大量重用文官，由文官到各地担任主要行政长官，把行政权、财权都归文官之手。地方的武将手中虽握有重兵，但是却无权调动一兵一卒，调动兵将的权力归中央的太尉府。太尉府虽然手握兵权，但手中却没有一兵一卒。这样形成中央和地方的制约。同时又派文官到地方军队负责监军，监视地方武人。这样成功地杜绝了武人拥兵自重、分裂割据的局面。但是此举造成军队训练不系统、战斗力受到严重削弱的后果。同时，庞大的文官队伍也造成了一定的弊端，庞大的俸禄开支使北宋的财政负担十分沉重。

北宋派用文官担任地方行政长官，设置知州，就是地方的行政长官，同时又设置通判。通判虽然是地方行政长官的副职，但是由朝廷选派京官担任，有权直接向中央报告，起到了监视地方行政长官的作用。一切地方事务由知州和通判共同处置，两人互相牵制，虽然避免了知州的擅自专权，但是又导致机构庞大臃肿，行政效率低下，知州与通判经常发生摩擦，造成政府工作的无能和低效。

在财政方面，规定地方的财政收入绝大多数上缴中央，形成了国富民穷的局面。上层统治阶级穷奢极欲，挥霍浪费。北宋的文官俸禄都比较高，奢靡浪费的风气也非常严重，一个小小的文官就可以保证每天有酒有肉，衣食无忧，而武将的俸禄比文官要低得多。

在对外军事上，因为军队战斗力的削弱，使得大宋每年和辽、西夏的边境军事摩擦往往以失败告终。少数民族政权多次侵扰大宋的疆域，抢夺财物、人口，北宋不是实行强烈的军事反击，而是通过议和来换取短暂的和平，每年都向辽和西夏等缴纳大量的岁币。一方面寻求边境的短暂安宁，另一方面则将这种赋税转嫁到国内的百姓身上，因此造成国内百姓的生活非常困苦，徭役、赋税沉重。所以爆发了多次的农民起义，最有名的就是北宋初期王小波、李顺领导的农民起义，人数达到了数十万人，这就是百姓反抗最明显的一个例证。

随着社会矛盾的逐渐加深，要求改革的呼声日益高涨，因此在宋仁宗庆历三年（1043），宋仁宗任命范仲淹为参知政事，韩琦、富弼等人共同参与实行改革，史称"庆历新政"。但是"庆历新政"实行没有多久就因为保守派的反对而宣告失败，范仲淹、富弼、韩琦等被迫外任或者是被贬。此时北宋的形势已经愈发严峻。

仁宗驾崩之后由英宗继位，英宗当时重用宰相韩琦、参知政事欧阳修等人，准备进行改革。司马光、吕惠卿、范纯仁、吕大防等人则站在对立面，两派在朝廷上经常进行激烈的争论。一番斗争之后，反对派中除司马光以外其他人全部都被贬。

在这次关乎国家政策的斗争中，苏东坡、苏辙兄弟本来是支持改革的。他们也认为国家经过近百年的发展，虽然取得了巨大的成就，但也产生了很多弊端，从财政到吏治等方面，都需要进行适当的改革，去除沉疴，才能富国强民。

不承想局势变化迅猛，不久英宗驾崩，太子赵顼继位，就是有名的宋神宗。在继位的当年，也就是英宗治平四年（1067），韩琦、富弼、欧阳修等人都被解除宰相、枢密使之职，出任地方官。熙宁元年（1068），翰林学士王安石被召见，并深得神宗器重。神宗同王安石力图实行新的改革。

在动荡的局势中，苏东坡的政治态度也发生了摇摆变化。他对时政积弊有深刻的认识，认为也应进行改革。但对不同政敌之间的相互倾轧持反对态度。如今神宗重用王安石来实行变法，因苏东坡本人政治态度的改变，加之前期苏家与王安石之间的罅隙等多重原因，使苏东坡逐渐卷入政治旋涡中。

争议拗相王安石
——东坡与政敌

王安石（1021—1086），字介甫，号半山，出生在江西临川。王安石是北宋著名的思想家、政治家、文学家，是一位在中国历史上极具争议性的人物。他的经历也同样充满了传奇色彩，不仅后人对他褒贬不一，即便在北宋当时，王安石就享有极高的声誉和遭受到强烈的批评。如何评价王安石的功过得失，历经千年都没有定论。

王安石个性极强，"性格决定命运"这句话特别适合他。

王安石的祖辈都是做官出身，虽然级别不是很高，但也属于小的官宦人家。这样的家庭，对王安石以后的成长具有熏陶作用，也为他日后从政打下了基础。

王安石的父亲王益二十二岁时考中了进士，担任临川军的判官，相当于军队中的一个文职参谋。虽然官职不高，但王益胸怀天下，忧国忧民，对孩子们的影响很大。王益辗转各地为官，家眷们也随他四处迁徙。王安石的少年时光就是跟随父亲在各地度过的，先后在四川、江宁等地生活过。

王安石非常喜欢江宁这座历史上著名的都城。这里经济、文化都很发达，名胜古迹众多，很适合读书人生活。王安石天资聪颖，据说读书过目不忘，受到良好的家庭教育，学问飞进。在父亲的影响下，王安石少年时期即广泛接触社会生活，从小就有远大的志向，追求建功立业。在青年时期，王安石结识了一位好友曾巩，即后来也位列"唐宋八大家"之中的那位。王安石同曾巩一见如故，二人文学、政治见解都相近，因此结为好友。后来曾巩进京拜见当时的文坛盟主欧阳修，还把王安石的诗文推荐给欧阳修。王安石还未入京，即已经得了欧阳修等人的赞赏。

王益在地方官任上去世，王安石回到了临川，因为家境的变化，他更加发奋读书，以求将来出人头地。

1041年春天，王安石进京参加科举考试。第二年春，仁宗皇帝经过殿试，共录取进士四百多人。在这一榜进士中，后来出了三位宰相：王珪、韩绛和王安石。这在历史上是很罕见的，被誉为"二甲出三相"。

在这次科考中，王安石只得了第四。因为考官批卷的时候，感觉他的政治观点过于偏激。王安石还对考试的科目设置不满，认为科考中过于重视诗赋了，因为诗赋写得好未必就有政治才能。后来王安石主政实行变法时，其中一项改革措施即停止了科举中的诗赋考试。

王安石的性格执拗，这种性格自青年时期就已经显现出来了，而且已经开始对他的命运造成影响。明人冯梦龙的《警世通言》当中的一篇《拗相公饮恨半山堂》，是说王安石变法失败了，告老还乡的途中所见都是百姓对变法的不满和怨恨。"因他性子执拗，主意一定，佛菩萨也劝他不转，人皆呼为拗相公。"①类似的记载还有很多。

关于王安石的奇闻趣事，朱熹在《三朝名臣言行录》中的《王安石荆国文公》里，只记载王安石的言行三十六条，传到后世就增加到一百多条，这些记载有好有坏，可见后人对他褒贬之多。增加的这些材料是否可信？不得而知。

据传王安石对生活没什么要求，平时也不注意个人卫生，身上有很多虱子。上朝的时候群臣瞧见他的胡子上趴着一只虱子，还打趣他说："这虱子已经面过圣了，得放在身上好好养着，可不能随意杀死。"

王安石还有个习惯，家中入夜要点数十根胳膊一样粗的大蜡烛。蜡烛在北宋尚为比较奢侈的东西，这个时候，他的生活又不简朴了。

王安石做宰相时，有一次他的亲家来到京城，满以为会得到周到的招待，但却因王安石的疏忽，错过了午饭时辰，直到下午才吃饭。吃得也很简单，只上了两块胡饼。王安石的亲家不满意，就把饼中间的一小块儿吃了，王安石也不嫌弃，居然把亲家没吃的饼渣捡过来吃了，弄得人家很不好意思，赶紧告辞。

据说有一次，一个朋友对王安石的夫人说："您家相公特别爱吃兔肉（也有说鹿肉的）。"夫人很奇怪，说："我不知道他这个喜好。"这个朋友说："上一次我们请客，我看到他把自己面前的一碗兔肉全都吃光了。"夫人说："那你下次再把别的肉放在他的面前，把兔肉放离他远一点的地方，看看怎么样？"下一次请客的时候，朋友就把兔肉放

① ［明］冯梦龙著：《警世通言》第40页，人民文学出版社，1956年版。

到离王安石远一点的地方，而面前放上了一份其他的菜，结果王安石又把面前这份菜吃得精光。原来他并不是喜欢吃兔肉，而是哪个菜离他近，他吃哪个。

王安石对于很多生活细节是忽略的，不在乎饮食、服饰等，但是他对政治方面的改革却非常用心。

1047年，王安石被任命为鄞县知县。知县是正七品的官职，级别虽然不高，但主政一方，可以在小范围内实现自己的政治理想，把自己的政治才能施展出来。王安石非常喜欢地方官生活，勤于政事，颇有业绩。他兴办教育，带领民众救灾抗险，受到了百姓的爱戴。

地方官任满之后，王安石循例可以升为京官。本来北宋官员都很重视京官，即使进京降了级别，也属于明降暗升。但是王安石不愿意在京城做个闲职，感觉浪费了大好时光，不能施展自己的才干，因此坚辞不就。朝廷没有办法，就把王安石又派到苏州当了通判。王安石认为，即便是做个副手，也比在京城赋闲好得多。

很多朋友都劝王安石："如果将来想有所发展的话，京城的人脉必不可少。你应该利用这样的机会，多接触一些当权的大员，才能日后获得重用。"

王安石到了京城任群牧判官。这虽是一个普通的文职，但顶头上司就是大名鼎鼎的包拯包青天，同僚当中有韩维、吴充、司马光等人，这些人在北宋政治史上都很有名。即使是这样，王安石待了一段时间，还是觉得京官不比地方官，不久，他又寻求外任，先后到了常州、饶州等地。这样，从虚岁二十二岁登进士科，王安石在地方已经先后任职达十七年之久。广泛的地方官生涯，开阔了王安石的眼界，也锻炼了他的政治才能。

1059年，王安石被召还朝，任三司度支判官。这时王安石经历了地方官的实践锻炼，他的政治思想已慢慢成熟，改革的思想也逐渐显现。王安石为仁宗皇帝呈上了一篇著名的奏章《上仁宗皇帝言事书》。这份奏章初步表露了王安石对国家改革的一些看法，受到了仁宗的高度赞赏。仁宗虽然没有马上采纳王安石的意见进行改革，但是决定重用王安石。

1060年12月，王安石被任命为宋仁宗的起居注。起居注负责记录皇帝生活、工作的事情，就是皇帝的秘书。

同时授官的还有司马光。

这两个人一听，反应倒是很一致，都表示自己读书做官这么多年，可不是为了当秘书。于是两个人都辞职，王安石先辞，司马光听说之后，也辞。先后辞职了七八次，最后王安石还是没有推辞掉，只好就任。

很有意思的是，司马光一听说王安石当起居注了，他就也同意了，却没想到，二人竟成了一辈子的政敌。

王安石在守孝期间也是刻苦攻读，在学术上有所精进。回乡省亲时，他撰写了著名的文章《伤仲永》。文章写自己十二岁时，在舅舅家见过一个叫方仲永的小孩，这个孩子才五六岁，诗写得不错，让王安石很惊讶。然而再次回乡时，王安石却发现这个孩子因为其父的教导无方，只知炫耀而不加以培养，已"泯然众人矣"。所以，王安石早就深刻地认识到，"学不可以已"，指出学习是终身的事情。

不久，仁宗去世了，继位的英宗在位的时间也不长，北宋的政局再次陷入动荡之中。

1067年，宋神宗即位。这位皇帝很有抱负，一直想着励精图治。神宗早听说王安石很有想法，次年就召见了他。王安石遇到赏识自己的君主，也非常高兴。他本来就给仁宗上了一篇《万言书》，此时又给神宗写了一篇奏章叫《本朝百年无事札子》，把北宋近百年来的一些政治情况进行了一番梳理。神宗皇帝看了之后大为赏识，决定支持王安石进行变法。

这时，司马光对王安石没什么好评价，认为他将来会"祸国殃民"。既然神宗皇帝重用王安石，自己反对也没什么用。司马光看清了形势，只好申请外任。后来又至少有二十多人相继离开了政治中心。

熙宁二年（1069）二月，经过了长达一年的酝酿和准备，宋神宗起用王安石为参知政事（相当于副宰相的职位），开始新的改革。王安石建立了一个负责制定户部、度支、盐铁三司条例的专门机构，命名为制置三司条例司，作为主持变法新的机构，开始了历史上著名的"王安石变法"。

宋神宗对王安石非常倚重，几乎是言听计从，君臣二人常常为一条政策商讨至夜深。王安石是个有魄力的人，他提出的"三不足"口号斩钉截铁："祖宗不足法，人言不足恤，天变不足畏。"

祖宗不足法：历史不是一成不变的，要以变化的思想来看待，祖宗留下来的规章制度也应该取其适合时代处，不适合的就应该改变。何况北宋当时已经出现了很多的问题，必须要改革。人言不足恤：如果在乎别人说的话永远不能成大事。人言可畏，而王安石偏偏就不怕。天变不足畏：古代人们应对天灾的方法有限，而常常准备不足。改革期间，反对派往往将各种灾害归咎于王安石改革违抗天命，神宗也因此动摇。王安石则认为这些灾害即使是尧舜之时也避免不了，与改革无关，朝廷所要做的是修人事以应对。

世人记载这三句话是王安石说的，但他自己不承认说过。在改革的整个过程中，他却坚守着这个信念，一往无前。

变法的主要内容包含对外、对内的政策。

对外政策主张宋朝不能总是处于守势，对辽和西夏要敢于亮剑。即使不打仗，国家每年要支付巨额赔款，百姓负担沉重。边境河边的人都不敢到河上打鱼，害怕一不小心过界，会引起两方的争端。所以不能一味求和，没被打死先被吓死。

对内政策的核心思想就是富国。北宋每年的收入虽然很高，但因开支巨大，入不敷出。大臣中一派人主张节流，而王安石主张开源。他要求国家必须能控制经济，于是推行了很多相应的改革措施，连续制定"青苗法""农田水利法""免役法""市易法""方田均税法"等法令。同时，为了国家安定，还要加强武装力量，制定"保甲法"。

神宗起用王安石进行变法遭到了很多大臣们的反对，比如宰相韩琦就是第一个反对王安石入朝为官的。韩琦认为王安石不拘个人小节，生性邋遢，而且他并不具备掌控天下的能力。但是神宗皇帝坚决任用王安石，韩琦只能请求外任。

苏洵和他的老朋友张方平也都对王安石并不看好，认为王安石性格古怪，将来会成为国家的一大祸害。这也为苏洵和后来王安石关系不睦埋下了伏笔，同时也为苏东坡和王安石的党争埋下了祸端。其中反对最激烈的就是司马光，司马光认为王安石变法是改变祖宗之法，是使国家陷入危机的一种做法。司马光强调应该整治时弊来安定民心，而不在于国家进行重大的改革。

在一次又一次的激烈的斗争当中，王安石为首的变法派和司马光为首的反变法派形成了对立，双方在很多方面意见都是相左的。而王安石得到了神宗皇帝的支持，准备涤除前朝弊端，大力实行改革措施。

甚至前朝的变法争端也波及了后宫。神宗皇帝的祖母（即宋仁宗的妻子曹皇后）、神宗皇帝的母亲（即英宗皇帝的妻子高皇后）以及神宗的妻子向皇后都参与到反对变法派的行列当中，也一直劝神宗皇帝放弃变法。

但是神宗和王安石两人决定冲破一切阻力，大力实行改革。

中国历史上曾经有多次的政治改革，从最早的商鞅变法到汉武帝革新、王莽改制等，很多的政治改革最初都风起云涌，不论最后取得的效果如何，主张变法者的结局都不是很好，这似乎已经成了一种历史定律。

任何的改革都不会是一帆风顺，必然遭到多种势力的阻挠，不论这种改革是否正确，是否顺应历史的潮流，总会有阻碍的力量。王安石的变法也是这样。

从最初韩琦、富弼、欧阳修等表示强烈反对，到司马光和王安石针锋相对的斗争，都昭示着这次变法不会一帆风顺。而此时王安石获得了神宗皇帝的支持。很多事情似乎都顺理成章了，一切的反对力量也都微不足道，于是一批老臣纷纷被外任或者是称病告退。司马光也于熙宁三年（1070）退居洛阳，五年之内绝口不谈政事，专门闭门著书立说，完成了史学名著《资治通鉴》。古人讲三不朽：太上立德，其次立功，其次立言。司马光以这种形式来表明自己的政治态度，获得青史留名。

王安石变法的初衷无疑是正确的，国家的发展必然要居安思危，不能躺在历史的功劳簿上睡大觉。

王安石认为，国家的财政入不敷出，解决办法一是开源，二是节流。节流无疑比较难受，所以就要在开源上想办法。

历史上，增加国家收入的有效办法即加强税收。王安石采取了一系列政策来增加税收，却触动了百姓们和地主阶层的利益。比如"方田均税法"，对全国的土地重新丈量，制定新的税收标准，这是针对大地主隐瞒土地而施行的。当时很多大地主隐瞒土地数量，少交或者不交税。要重新丈量，大地主们自然不满意，强烈反对。再比如对农民收税，把以前按粮食收成比例交税改成交银两，造成农民在卖粮换银过程中被克扣，而且遇上灾年，粮食产量低，更是无力缴纳税银。

王安石又施行了"青苗法"，即由国家贷款给农民。本意是好的，但是贷款的利息很高，且以四个月为一个周期，利息达到百分之二十。很多贫困农民本来就交不起税，贷款后又无力偿还，本利叠加，造成更多的饥荒。并且贷款的条例过于粗疏，没有规定什么条件的人可以贷、什么条件的不可以贷，所以有些富贵人家也来贷款，用来挥霍，并拒绝偿还。如此一来，"青苗法"的初衷就失去了意义。

而且在实施过程中，王安石用人不察，重用自己的亲戚、学生，其中有很多人品德低下，在贷款过程中中饱私囊。更有甚者，有些地方官员先扣下巨额钱款，再强行摊派份额，强制贷款，弄得民怨极大。

越来越多的官员上书弹劾王安石，开始神宗皇帝并不当回事，反而极力支持王安石变法。

很多地方的百姓生活不下去了，背井离乡，成为流民。在京城汴梁，也有许多流民沿街乞讨。皇宫有个门吏叫郑侠，看到很多流离失所的百姓从皇宫前走过。他把这种惨状画了一幅《流民图》，找机会交给了神宗皇帝。这幅图让神宗皇帝大受触动：没想到自己一心推行的改革，竟然给百姓带来了这么大的痛苦！于是一部分新法内容被废除了。

坚持的未必就是正确的，而正确的有时未必能坚持下来。

1074年，在巨大的压力面前，王安石被罢相。韩绛被任命为宰相，王安石以前的助手吕惠卿担任副宰相。

本来新法并没有完全废除，吕惠卿可以继续实施，但他心胸狭隘，只顾个人私利，而不顾国家大计。韩绛为人敦厚，吕惠卿处处排挤他，想自己当宰相。韩绛感觉自己斗不过吕惠卿，便向神宗皇帝上书，请求让王安石回来继续当宰相。

1075年2月，王安石再次拜相，吕惠卿贬为陈州知州。

但是，此时的政治形势已经发生了巨大变化，变法的热潮已经过去，各种攻击已经让神宗难以招架，因此对王安石的支持也远远不足了。

王安石此时也感觉到身心俱疲，青年时期的远大抱负此时被现实击得粉碎。加之儿子的早亡对他打击很大，王安石于是坚决辞职，在1076年再次罢相，隐居江宁，绝意仕途。

王安石一生笃信佛学，佛法在此时给他慰藉，他也越发追求超然出世的境界。他的半山园已经很简朴，全不似退居宰相居所应有的富丽堂皇，而后移居的秦淮小屋，更是个只能容身的简单房舍。家业大半都捐出去了，两袖清风的王安石常常骑一头小毛驴，带着童子四处踏青。他的生活简单至极，连诗歌风格都归于淡雅清丽。

1086年4月，王安石去世，终年六十六岁，谥号曰"文"，得以配享神宗宗庙。牌位可以摆在神宗皇帝陵庙的旁边，这是很高的待遇。后来，宋徽宗又把王安石追封为舒王。

但是从南宋到明清，对于王安石的评价都是大相径庭，既有赞誉者，也有诋毁者。纷扰从王安石生前开始，一直延续到身后，及至后世，或许将永无定论。

"王安石变法"失败的原因有很多，除了他个人性格执拗、用人不当等原因，与支持者心志不坚定、反对者力量太强等也有关系，甚至连王安石的亲弟弟都不看好变法。政治是理想化的东西，理想和现实毕竟有差距，给国家带来的不良影响不能完全归咎于他。而抖落这些功过是非之后，目光回归于王安石本人，值得我们欣赏的，当是他身为名臣一心为国的无私精神，作为学者严谨治学的认真态度，以及身为改革家无所畏惧的过人胆识。

变法旋涡亲兄弟

——东坡的政见

王安石的变法遭到了很多人的强烈反对，其中就包括苏东坡、苏辙兄弟。

　　王安石开始变法的时候，苏东坡任殿中丞、直史馆之衔，差判官诰院，苏辙任制置三司条例司署官。兄弟两人同朝为官，面对王安石变法的汹汹来势，两人都感到了十分迷惑。因为多种原因，包括王安石与苏洵关系不睦，所以王安石对苏东坡兄弟持排斥的态度。神宗皇帝也曾多次向王安石求问过是否可以重用苏东坡，王安石却屡次说苏东坡不堪大任，并没有重用苏东坡。有一天，神宗对王安石说，想调任苏东坡修中枢条例，征求王安石的意见。王安石直接表示反对，认为苏东坡不适合担当这样的重任，并抬出朝中大臣来证明自己的判断。到了这年的十一月，神宗皇帝爱惜苏东坡的才能，又想起用苏东坡修起居注。起居注官职虽不高，但是皇帝身边的重臣，位置相当重要，王安石又表示坚决反对。

　　可见此时王安石打压、排挤苏东坡还是有实证的。

　　这年的冬天，苏东坡被任命为开封府判官，这一职位虽然仍然身处京城，但已不在朝廷朝官之列，既可以远离皇帝身边，又可以在京畿周围。苏东坡忙于地方的事务，可以较少地干预朝政。但是苏东坡拿出自己果敢、精明的地方官治理经验把政事处理得井井有条，而且对朝廷上所发生的一切仍然是密切关注。

苏东坡在凤翔做过三年的地方官，对地方百姓生活有比较深刻的了解，而王安石变法当中的很多具体的条目对百姓的触动是非常大的，因此苏东坡开始强烈反对王安石变法。苏东坡前后写了《上神宗皇帝书》《再上皇帝书》，把新法比作"毒药"。如《上神宗皇帝书》中直言道：

> 苟欲兴复，必尽追收，人心或摇，甚非善政。又有好讼之党，多怨之人，妄言某处可作陂渠，规坏所怨田产；或指人旧业，以为官陂。冒田之讼，必倍今日。臣不知朝廷本无一事，何苦而行此哉？[1]

在《再上皇帝书》中则痛心疾首地进谏道：

> 今日之政，小用则小败，大用则大败。若力行不已，则乱亡随之。[2]

苏东坡当年参加礼部的"贤良方正能言极谏科"考试，

---

[1]［宋］苏轼著，孔凡礼点校：《苏轼文集》第729页，中华书局，1986年版。

[2]［宋］苏轼著，孔凡礼点校：《苏轼文集》第748页，中华书局，1986年版。

看这一考试的名目就是谏官的考试，所以苏东坡屡次上疏表明自己的政治态度。他把新法比作"毒药"的说法非常辛辣，也是非常大胆的。因为当朝皇帝已经重用王安石，而苏东坡说如今的变法"小用则小败，大用则大败"，直接把新法贬得一无是处，是冒着极大的风险的。并且说"力行不已"，则"乱""亡"会随之到来，这更是对现行政策的反对。苏东坡并不是一味反对新法，对限制贵族特权和加强军事的措施还是表示赞同的。

激烈的变法和反变法的政治斗争中又夹杂着党派倾轧，既有政见的不同，也夹杂着学术的争辩，甚至还有彼此性格之间的龃龉之处，党争的性质也由政见不同逐渐变成了官场倾轧。

苏东坡强烈反对王安石变法，遭到了变法派的嫉恨，决心搬开这块绊脚石。熙宁三年（1070）八月，王安石的姻亲、侍御史知杂事谢景温弹劾苏轼，说苏轼有在扶苏洵灵柩回川途中以及在守孝期间夹带私货、贩卖私盐等罪责。以这种罪名来弹劾苏轼，是想把苏轼置于不忠不孝的境地。最后虽然查无实证，未加问罪，但是苏轼已经感觉到朝廷上形势的艰险，因此请求外任。

熙宁四年（1071）六月，苏东坡被任命为杭州通判，离开了京城。他离京的时间和司马光回到洛阳的时间大体相近。苏东坡跟司马光的离开标志着反对新法的反变法派活动接近于失败。

苏东坡为什么强烈反对王安石变法呢？

王安石变法的很多政治措施在理论设计上问题不大，但是王安石性格执拗，地方官员贯彻执行不力，朝廷很多政策没有明确执行下来，还有一些官吏在执行新法的过程当中贪赃枉法，使百姓并没有得到新法改革的实惠，反而遭受到很多的刁难，甚至带来磨难。

以"青苗法"为例，当时规定，国家由以前的收粮食租税改为收白银。但是百姓在交税的时候，如果赶上歉年，那么并不像以往按比例缴纳粮食，而是一定要交白银，在把粮食变卖换取白银的过程当中就遭到官府的克扣。而白银的发放过程当中，又因为官银铸造的含量的不足使百姓再次遭到克扣。所以百姓很难完成按亩数每年交白银的任务，经常发生卖房、卖地、卖牛、卖种子，甚至卖儿卖女的惨剧。而王安石面对这种情况，又提出由国家贷款给农民，但是贷款并不详查贷款人的资历，不论贫富一律贷款，而且贷款的期限只有几个月时间，还要交高额的利息，很多贫苦人家贷了款之后到了年终不但还不上本金，还要负担很高的利息。很多富有人家也借机来贷款，到了年终的时候不还。这样的话，国家的贷款并没有起到真正救济穷人的效果，反而使富人拿来挥霍浪费，穷人陷入更加贫困的境地。

苏辙最初受神宗皇帝委任，是来帮助王安石推行新法的。但到后来，一向温柔敦厚的苏辙都起来反对新法。

这一时期是苏东坡文艺创作的低潮时期，这两三年期间苏东坡创作的诗歌不足二十首，对于一个刚刚踏入仕途的青年才俊来讲这个数量实在是太少了，也是苏东坡编年诗当中最少的一段时间。《送安惇秀才失解西归》一诗中"旧书不厌百回读，熟读深思子自知"颇受后人好评。但是安惇最后成为反变法派的爪牙，苏东坡又被别人讥笑为没有知人之明。

这一时期只有他的《石苍舒醉墨堂》最有水准：

> 人生识字忧患始，姓名粗记可以休。
> 何用草书夸神速，开卷惝恍令人愁。
> 我尝好之每自笑，君有此病何能瘳？
> 自言其中有至乐，适意无异逍遥游。
> 近者作堂名醉墨，如饮美酒消百忧。
> 乃知柳子语不妄，病嗜土炭如珍羞。
> 君于此艺亦云至，堆墙败笔如山丘。
> 兴来一挥百纸尽，骏马倏忽踏九州。
> 我书意造本无法，点画信手烦推求。
> 胡为议论独见假，只字片纸皆藏收。
> 不减钟张君自足，下方罗赵我亦优。
> 不须临池更苦学，完取绢素充衾裯。[1]

诗中先说明书法是同文字相伴而产生的。接着谈石苍舒对书法的喜爱，进而间接表达了自己对作书的看法："适意无异逍遥游"，只要达到个性的自由挥发，就是达到了自由的境界，不需要下那么多功夫苦练。"堆墙败笔如山丘"，略带讽刺意味，认为石苍舒在学书方面所下的功夫，是不值得的。"我书意造本无法，点画信手烦推求。"清人王文

---

[1] ［宋］苏轼著，［清］王文诰辑注，孔凡礼点校：《苏轼诗集》第235-237页，中华书局，1982年版。

诰在该句下注："《南史·陶景宗传》：（景宗）为人自恃尚胜，每作书，字有不解，不以问人，皆以意造。"指陶景宗作书时，有不懂字的写法，不去请教、咨询别人，就靠自己主观想象来创造，属于"想当然"。"意造"即指靠主观想象来创造，同现代汉语中的"臆造"意义基本相同。而东坡该句诗也说自己作书不求甚解，经常靠自己主观想象来创造字的写法，对于点画经常信手而写，"烦推求"，即不作过多、过细的推敲，不像石苍舒那样刻苦练习。所以在该诗最末两句写道："不须临池更苦学，完取绢素充衾绸。"意为不在意对字的刻苦练习，不需要像张芝那样把绢素都练字了，把池塘都染黑了。

这首诗在中国书法理论史方面具有重要意义，改变了自汉魏至唐以来的书法审美思想，为北宋新的书法美学的建立起到了重要作用。

西湖美景惹人怜

——东坡在杭州

苏东坡寻求外任，神宗皇帝非常舍不得他，但是也知道他和王安石不能融洽相处，把他改派地方上担任知州。苏东坡自在凤翔担任判官以来已经过了十年，按照资历已经足以担任知州了，但是中书省不同意皇帝的拟批，改为颍州通判。神宗皇帝又把苏东坡改为杭州通判，由颍州改为杭州，把苏东坡派到了东南的名胜之所，是对他的一种期许。

　　这年七月，苏东坡携带一家老小，夫人王闰之、十三岁的长子苏迈和二儿子苏迨来到了陈州（今河南淮阳），和苏辙一家相聚。兄弟两个人从小感情深厚，科考之后分别在各地为官，相聚的日子很短，难得有这样一次相聚的机会。苏东坡一家在苏辙这里一住就是七十多天。每天孩子们在一起相处得很愉快，兄弟二人在一起谈论政事、书画等，日子过得非常快。

　　到了九月份，天气渐凉的时候，苏东坡继续前行，来到了颍州（今安徽阜阳）。颍州的风景虽然和杭州不能相比，但也山清水秀，湖光山色。不久前刚刚致仕的欧阳修就定居在这里，苏东坡、苏辙兄弟一同前去拜见欧阳修。当年礼部考试的时候，欧阳修即为主考官，录取了苏东坡、苏辙兄弟二人。因此同苏家兄弟二人有座师与门生之谊。欧阳修此时已经致仕，身体虚弱多病，但是精神很好。欧阳修经常悠然自得地说："我有琴一张、棋一局、酒一壶、书一万卷、金石一千卷，加上我一个老翁，正好是六个'一'。"因此自号为"六一居士"。

苏东坡在欧阳修这里待了二十多天，不得不启程赴任。这是苏家兄弟最后一次见到欧阳修，第二年欧阳修就因病去世了。苏东坡不能前去奔丧，满怀悲痛地写下了《祭欧阳文忠公文》来寄托自己的思念之情，其中写道：

> 民有父母，国有蓍龟；斯文有传，学者有师；君子有所恃而不恐，小人有所畏而不为。譬如大川乔岳，不见其运动，而功利之及于物者，盖不可以数计而周知。今公之没也，赤子无所仰芘；朝廷无所稽疑；斯文化为异端，而学者至于用夷；君子以为无为为善，而小人沛然自以为得时——譬如深渊大泽，龙亡而虎逝，则变怪杂出，舞鳅鳝而号狐狸。[①]

苏东坡与苏辙在颍州分别之后，带着家人独自奔赴杭州。一路上山川的秀美让苏东坡心胸似乎变得开朗起来，不像在京为官时才思枯竭，他的诗文创作豪情也再度勃发，一

---

① ［宋］苏轼著，孔凡礼点校：《苏轼文集》第1937页，中华书局，1986年版。

路上写了很多诗文。路过镇江金山寺的时候，写了《游金山寺》一诗，强烈抒发自己对家乡的思念之情，诗中写道："我家江水初发源，宦游直送江入海……试登绝顶望乡国，江南江北青山多。羁愁畏晚寻归楫，山僧苦留看落日。"

苏东坡于熙宁四年（1071）十一月到达了杭州。杭州山水秀美，苏东坡一到杭州就沉浸在这秀美的景色当中。此时他在《六月二十七日望湖楼醉书五绝》（其五）中写道：

> 未成小隐聊中隐，可得长闲胜暂闲。
> 我本无家更安往，故乡无此好湖山。[①]

通过这首诗就能看出来苏东坡对杭州的喜爱之情，认为能在闹市中隐居也是一件幸事，杭州的山水更是自己安居此处的慰藉。

杭州西湖秀美的景色常常让苏东坡流连忘返。苏东坡跟很多文人墨客、得道高僧都经常往来，经常和一些志趣相投的朋友们在西湖边畅饮，欢宵达旦。有的时候甚至将公文也搬到西湖边上，一边诗酒唱和，一边处理公文，谈笑之间很多事情处理得非常妥当，令人叹为观止。

苏东坡在杭州摆脱了尘世的烦扰，摆脱了朝廷上无尽的党争，把自己全身心投入到大自然当中，真正焕发了一个文艺天才的全部生命力。自然风光的美好让苏东坡心胸开阔，东南兴盛都会，使苏东坡的文采勃发。作为一个旷古绝今的

---

① ［宋］苏轼著，［清］王文诰辑注，孔凡礼点校：《苏轼诗集》第341页，中华书局，1982年版。

文学天才，苏东坡此时的文学创作真正进入了丰收期。他在这里写了很多优美的诗、词、文，歌咏杭州的秀美山水。如《六月二十七日望湖楼醉书五绝》（之一）：

> 黑云翻墨未遮山，白雨跳珠乱入船。
> 卷地风来忽吹散，望湖楼下水如天。[①]

全诗描写了西湖在暴雨将至的时候的景象，而雨水过后望湖楼下水如天的场景异常壮阔，让人叹为观止。

苏东坡写西湖的诗歌中最著名的当数《饮湖上初晴后雨二首》（之二）：

> 水光潋滟晴方好，山色空蒙雨亦奇。
> 若把西湖比西子，淡妆浓抹总相宜。[②]

全诗更是将西湖美景展现在世人面前，千百年来传为绝唱，后人遂把西湖称为"西子湖"。这首诗为西湖带来享誉世界的声名。

有一次他正和朋友相聚，忽然天空中乌云密布，紧接着电闪雷鸣，瓢泼大雨从天而降，转瞬间又雨过天晴。这样奇特的天气让苏东坡大感奇异，于是他写下了著名的《有美堂暴雨》一诗。

---

① ［宋］苏轼著，［清］王文诰辑注，孔凡礼点校：《苏轼诗集》第341页，中华书局，1982年版。
② ［宋］苏轼著，［清］王文诰辑注，孔凡礼点校：《苏轼诗集》第430页，中华书局，1982年版。

游人脚底一声雷，满座顽云拨不开。

天外黑风吹海立，浙东飞雨过江来。

十分潋滟金樽凸，千杖敲铿羯鼓催。

唤起谪仙泉洒面，倒倾鲛室泻琼瑰。①

　　整首诗写得气势磅礴，开篇一声惊雷响，然后是满天乌云，接着苏东坡描写雨势的来势之凶猛，就犹如把大海吹得立起来一样。海水立起来，整个从浙东飞过钱塘江扑向了西湖。面对这样奇异的景象，甚至连唐代伟大的诗人"谪仙"李白都感觉到犹如被唤醒，诗兴大发，写出了惊人的诗句一样。

　　杭州气候温婉，一年四季都有胜景，苏东坡自是喜不自胜。在熙宁五年（1072）三月二十三日这天，苏东坡陪同一些同僚前去吉祥寺赏花，当时寺庙周围花团锦簇，游人如织，整个一片载歌载舞的景象。此情此景令苏东坡兴奋不已，写下了《吉祥寺赏牡丹》：

　　　人老簪花不自羞，花应羞上老人头。

　　　醉归扶路人应笑，十里珠帘半上钩。②

　　第一、二句写在集会之时，老人头上簪花感觉有些羞

　　①［宋］苏轼著，［清］王文诰辑注，孔凡礼点校：《苏轼诗集》第341页，中华书局，1982年版。
　　②［宋］苏轼著，［清］王文诰辑注，孔凡礼点校：《苏轼诗集》第330页，中华书局，1982年版。

涩，正话反说，人不"自羞"，那么花也"羞"。北宋时期男子有簪花的习俗，所以读者对此诗中老人簪花不必讶异。第三、四句写诗人酒醉而归，路人嘲笑情景。整首诗写得欢愉异常，官民同乐场景如在目前。

过了几年之后，苏东坡在密州任上还仍然十分怀念在杭州时期的美好时光，写下了《惜花》这首诗：

> 吉祥寺里锦千堆，前年赏花真盛哉。
> 道人劝我清明来，腰鼓百面如春雷。
> 打彻凉州花自开，沙河塘上插花回。
> 醉倒不觉吴儿哈，岂知如今双鬓摧。[①]

苏东坡在诗中回忆了当年赏花时的盛况，花团锦簇、游人如织、酒醉欢愉的景象，令人印象深刻。如今不知不觉间已经两鬓斑白，感慨时光易逝，岁月催人老。

苏轼的词作在这一时期也崭露头角。现存苏轼词集表明，他从任杭州通判时才开始填词。他的第一首编年词《浪淘沙·昨日出东城》即作于熙宁五年（1072），正是在杭州时期。苏东坡这时候的词作虽未形成豪放风格，但已明显体现出"以诗为词"的倾向，如《南乡子·送述古》一词：

> 回首乱山横。不见居人只见城。谁似临
> 平山上塔，亭亭。迎客西来送客行。

---

① ［宋］苏轼著，［清］王文诰辑注，孔凡礼点校：《苏轼诗集》第625页，中华书局，1982年版。

归路晚风清。一枕初寒梦不成。今夜残灯斜照处，荧荧。秋雨晴时泪不晴。①

"述古"即杭州知州陈襄的字。这首词是苏东坡在杭州东北临平山中送别自己的上司杭州知州陈襄所作，整首词写得情深意长，回肠荡气。语言明净，意境鲜明，突出友情的真挚，透露出与婉约词不同的倾向。古人送别时往往以诗来送别，而苏东坡却以词的形式来送别。上阕写远远望见友人离去，回头只看乱山横卧在那里，却看不见自己的朋友。又说自己像临平山上的塔一样，"亭亭"站在那里，把你迎来，又现在送你走。这与李白的"孤帆远影碧空尽，惟见长江天际流""桃花潭水深千尺，不及汪伦送我情"等送别诗一样，都是表达出友人之间真挚的情感。下阕写自己回来之后对朋友的彻骨思念，夜晚一个人睡不着。灯光闪烁，而自己却一夜未眠，未眠的原因是什么呢？是因为对朋友的思念。而自己扑扑簌簌流泪不止，甚至秋天的雨都停了，自己的眼泪还没有停。一般的词当中表达相思之情往往是男女之情，而苏东坡却用这首词表达了同性朋友之间的真挚友情。

苏东坡生长在书香世家，父亲苏洵喜欢与四川的一些名僧交游，母亲程氏夫人更是笃信佛教。在这样的家庭氛围当中，苏东坡自少年时期也逐渐开始接触佛教，阅读一些佛经。随着生活阅历的增加，官场上的种种倾轧让苏东坡时常想起佛经当中那些情景。生老病死、悲欢离合等无常变幻，使苏东坡深入思考人生的意义，为苏东坡在后来困厄时期的

①邹同庆、王宗堂著：《苏轼词编年校注》第85页，中华书局，2002年版。

思想升华埋下了伏笔。杭州周围有很多名山古刹，苏东坡经常到这里来寻求自己心灵的解脱，时常与高僧往来，谈论佛法，吟咏诗词，逐渐使自己的人生意趣向更加高深的层面发展。

苏东坡担任的杭州通判属于知州的助手，但也属于朝廷所派的京官，因此还是有一定权力的。他非常喜欢杭州这片土地，也愿意和普通的百姓交往，去考察他们的生活，体验他们的生活。

杭州本来是钱塘江冲击所形成的小平原，由于海水倒灌，这里的水质不好，苦涩难咽。唐朝时期宰相李泌在杭州任刺史的时候，曾经挖掘了六口井，分布在杭州城区的各处，将西湖的淡水引过来供钱塘的百姓饮用。后来唐代著名的大诗人白居易在杭州担任刺史时，进一步治理了西湖，疏浚了六口水井，以解决杭州百姓的饮水问题。但是随着年代的久远，六口井又逐渐淤积，以至被荒废了。

熙宁五年（1072）秋天，苏东坡与知州陈襄考察民情，问当地的百姓还有什么样的困难需要解决，百姓们说："我们现在饮水非常困难，那六口古井如果能够恢复的话，对我们来讲一定是个福音。"

陈襄和苏东坡当即决定派人来疏浚这六口古井。他们找来了精通水利的僧人主持修复水井的工作，并制定了行之有效的方案。杭州百姓听到这个消息，无不欢欣鼓舞，纷纷主动来参加劳动。经过大家齐心努力，六口古井焕发出新的生机，杭州百姓又饮到甘甜的淡水，对苏东坡和知府陈襄感恩不尽。

第二年，江浙一带大旱，很多地方吃水都成了困难，而杭州的百姓因为有古井的甘露，不但饮水无忧，而且还可以用于生产和生活。苏东坡写了《钱塘六井记》来记叙六口古井的来历以及修井的过程，通过修井给百姓带来了福祉：

> 明年春，六井毕修，而岁适大旱，自江淮至浙右井皆竭，民至以罂缶贮水相饷如酒醴。而钱塘之民肩足所任，舟楫所及，南出龙山，北至长河盐官海上，皆以饮牛马，给沐浴……余以为水者，人之所甚急，而旱至于井竭，非岁之所常有也。以其不常有，而忽其所甚急，此天下之通患也，岂独水哉？[①]

苏东坡经常到民间去体察民情，也能把自己的治国方略用在地方施行。他面临的不仅是自然美丽的风光，也有那些严重的自然灾害。杭州当地水涝旱灾时常发生，之后往往继以蝗灾，也可能会发生瘟疫。苏东坡因此经常奔波于杭州各县，赈济灾民，竭尽全力地来解决百姓的困难。通过实地走访，苏东坡既了解了民间的疾苦，又深知一些贵族官僚根本不管百姓的死活，只顾自己的政绩。他在熙宁五年（1072年）春天的时候写了一首《雨中游天竺灵感观音院》：

---

①［宋］苏轼著，孔凡礼点校：《苏轼文集》第379-380页，中华书局，1986年版。

蚕欲老，麦半黄，山前山后水浪浪。

农夫辍耒女废筐，白衣仙人在高堂。①

　　这首诗像民谣一般讽刺那些达官显贵在朝廷上尸位素餐，不知体察民生疾苦，而百姓们则在农事劳动当中非常辛苦。

　　苏东坡在杭州任职的时候，弟弟苏辙在陈州（今淮阳）担任教授之职。这里的"教授"不是现在的大学教授，而是指地方上主掌学政的官员。陈州离东京汴梁只有七八十里，苏东坡经常在视察的时候到陈州和弟弟相聚，最多的时候能够住上七十几天。

　　苏辙沉默寡言，不像哥哥这样性格外露。他前后有了三个儿子和七个女儿，孩子长大之后的婚配都是由苏东坡来帮助完成的。

　　王安石仍在一意孤行地推行新法。司马光多次写信批评他，王安石在给司马光的回信《答司马谏议书》中明确表示自己为天下理财，而不是为个人谋取私利。整个国家的税收，在短时期内确实是得到了大幅提升。同时施行的青苗法、农田水利法、免役法、方田均税法等在某种程度上抑制了豪强地主兼并土地，有利于农业生产。

　　我们看到了变法当中这些积极的因素。变法以富国强兵为主要目标，一切以国家大局为重，这也是最初得到神宗支持的原因。但是，也必须要看到因为新法的一些政策、措施

---

　　① ［宋］苏轼著，［清］王文诰辑注，孔凡礼点校：《苏轼诗集》第337页，中华书局，1982年版。

细化得不够，尤其是在实施过程中，王安石用人不察，用了自己的一些亲戚及门生，其中包括很多品德不端的人。所以最高层的想法并没有完全贯彻到民间，普通百姓也并没有得到最高层想要给的实惠。相反，很多下层百姓的负担加重，本来困苦的生活更加困苦。

此时王安石变法的一些举措正在全国推行，苏东坡把这些民间真实的景象通过诗歌作品真切地表现出来，是对新法施政效果的实际反映，也把弊端揭露出来。他在自己的文学创作当中也把这些所见所感写了出来，如《吴中田妇叹》这首诗：

今年粳稻熟苦迟，庶见霜风来几时。

霜风来时雨如泻，杷头出菌镰生衣。

眼枯泪尽雨不尽，忍见黄穗卧青泥！

茅苫一月垅上宿，天晴获稻随车归。

汗流肩赪载入市，价贱乞与如糠粞。

卖牛纳税拆屋炊，虑浅不及明年饥。

官今要钱不要米，西北万里招羌儿。

龚黄满朝人更苦，不如却作河伯妇！ [①]

诗中以一个农妇的口吻来叙述自己一年到头的辛勤劳作以及悲惨遭遇。本来年景不好，赶上歉收，对农民来讲就是很大的损失，尤其是今年稻谷成熟得晚，霜又来得早，赶上

① ［宋］苏轼著，［清］王文诰辑注，孔凡礼点校：《苏轼诗集》第404页，中华书局，1982年版。

下雨，很难收割，更加重了劳作的困难。连续的寒冷天气，大雨如注，锄头上都已经长出了霉菌，看到这些景象农妇们的眼泪都已经流干了，雨却没有停下来。眼见着那些成熟的谷穗躺在泥水当中，怎能不让人心疼？天晴之后收获的稻米品质不高，产量又少，费了很大力气拿到集市上去卖，米价又非常低。为什么一定要卖米呢？这就跟王安石的青苗法有关，因为朝廷上收税的时候只收银两，而不是按照原来田地上生产的谷物的比例来收取租税，所以一定要把稻米卖成银两才能够交得上赋税。因为米的质量不高，价格又低，所得的钱根本不够交税的，没有办法，农民只能开始卖牛。牛是农业生产必备的劳动力，把牛卖了，第二年都不知道用什么来耕种呢。顾不得明年会怎么样了，只能先把今年的赋税交上再说，因为"官今要钱不要米"。西北方仍然在打仗，除了交租税之外还得去服兵役，因此农妇感慨："这样生活的话，那还不如去做河伯妇投在河里淹死的好。""河伯妇"源于《史记·滑稽列传》当中用妇女祭河神的典故，指把女子投在河里淹死，来祭奠河神。

苏东坡的这些诗歌一方面是针对新法实施过程当中农民的困苦生活而写的，另一方面也是社会现实生活的真实的反映，具有"诗史"一样的作用。并不能说苏东坡是针对王安石的变法而作，只是对生活惨状的一种描绘而已。

神宗皇帝在朝廷不知道变法给百姓带来的诸多痛苦，而苏东坡通过诗歌把一些百姓困苦的生活直接反映出来，后来这也成为王安石等变法派陷害苏东坡的口实。

出猎边陲少年狂

——东坡在密州

宋神宗熙宁七年（1074）九月，苏东坡在杭州任期已满，弟弟苏辙在山东济州任职。苏东坡请求把自己调任离弟弟近一点儿的地方，朝廷恩准他的请求，派苏东坡担任密州（即现在山东诸城）太守，这样兄弟二人可以离得很近。

　　离别杭州之际，妻子王闰之买了一个非常聪明伶俐的丫鬟，十二岁，叫王朝云。朝云在苏东坡的后半生起到了非常重要的陪伴作用。

　　苏东坡是在宋神宗熙宁七年（1074）十一月三日到达密州任上的。从宋神宗熙宁十年（1077）到元丰二年（1079）三月在徐州任职。

　　他到达密州之后，被眼前的景象吓了一跳。当地已经是农闲时节，但是百姓仍然在田地间奔忙。苏东坡一看，原来是蝗虫成灾，数量非常惊人，百姓们正在那里扑灭蝗虫呢。苏东坡和当地的百姓一起投入到抗蝗的斗争当中。

　　苏东坡经常向当地农民请教一些关于农业生产的知识。农民告诉他，今年是因为旱情太严重闹了蝗灾，如果能够降雨的话，蝗虫就会得到有效的抑制。苏东坡自己焚香沐浴，带领百姓前往常山去进行虔诚的祈求，希望山神能够降下甘霖，消除百姓的苦难。不久后，果真下了雨。苏东坡特别高兴，于是写下了《次韵章传道喜雨》这首诗，诗当中说："去年夏旱秋不雨，海畔居民饮咸苦。今年春暖欲生蝝，地上戢戢多于土。"并在诗的结尾表达了能战胜蝗灾的喜悦之情。苏东坡在密州任职的两年当中，蝗灾和旱灾不停地侵袭着这片贫瘠的土地，苏东坡和百姓一起度过了一段艰难时光。

苏东坡自离开朝廷以来已经有好几年没有上书言事了，因为朝廷的党争激烈，朝廷上很多官员对苏东坡表达了不满之情。面对严重的自然灾害，苏东坡先后给朝廷上了《上韩丞相论灾伤手实书》《论河北京东盗贼状》，把密州遭受旱灾和蝗灾的情况向朝廷上申明，请求朝廷免除密州当地的一些赋税。在这些奏章当中，苏东坡还用了很多的笔墨对新法实施的效果进行评判。朝廷上制定政策的这些人可能不了解民间的真实情况，苏东坡把现实景象向上反映，也是尽到一个做臣子的责任。

密州处于北宋的北部，是一个边境的州县，距离大辽比较近，还存在一定的军事威胁。密州非常贫穷，不像杭州那样富饶，景色也没有杭州秀美，但是苏东坡对于能够在密州担任太守也是非常满意的，因为贫穷的州县正有利于他施展自己的政治才能。

密州的贫困从一个事例就可以看出。当地因为百姓的负担过重，很多人家生了小孩之后无力抚养，经常把孩子丢弃在城边，因此城外有很多的弃婴。苏东坡看到这种情况之后内心非常悲痛，经常在下班之后带领手下绕城巡察，看到弃婴就收留下来。几年时间里，苏东坡先后收留了三四十个弃婴，有的放在自己家里抚养，有的委托其他有条件的人家来抚养，同时官府给予他们一定的补贴。这件事情可谓功德无量。

密州地处边境，苏东坡还大力整饬民兵，训练军队，增强了密州的防务，使这里的守卫得到进一步加强，也初步显现了苏东坡在军事方面的才能。

密州的生活虽有辛苦，但是并不妨碍苏东坡的政治才能的施展，也并不妨碍苏东坡文学才能的展现。从杭州以来他的文学创作就进入了一个勃发期，在杭州写了大量优美的诗、词、散文，在密州也是一样，不同的自然环境带给苏东坡内心不同的感受。这一时期他的词作方面有了非常大的进步，初步形成了豪放词风，这对于宋词的发展产生了重要影响。此时东坡词作的代表作品就是《江城子·密州出猎》：

> 老夫聊发少年狂，左牵黄，右擎苍，锦帽貂裘，千骑卷平冈。为报倾城随太守，亲射虎，看孙郎。
>
> 酒酣胸胆尚开张，鬓微霜，又何妨？持节云中，何日遣冯唐？会挽雕弓如满月，西北望，射天狼。①

在这首词中，苏东坡展现出一种豪情壮志、希望建功立

---

① 邹同庆、王宗堂著：《苏轼词编年校注》第146页，中华书局，2002年版。

业的强烈愿望。对于这首词的创作，苏东坡是非常满意的，他在给自己的朋友鲜于侁（字子骏）所写的信《与鲜于子骏书》中把自己的这种心情写了出来：

> 近却颇作小词，虽无柳七郎风味，亦
> 自是一家。呵呵。数日前，猎于郊外，所获
> 颇多。作得一阕，令东州壮士抵掌顿足而歌
> 之，吹笛击鼓以为节，颇壮观也。[①]

　　短短的几十个字，传达出很多重要的文学信息。首先他把词称为"小词"，在宋代文人意识里"诗庄词媚"，正统文人重视的是散文和诗，词一直被视为"小道""艳科"，这个身份很长时间都未得到改变。"柳七郎风味"，指的是柳永词风。柳永此时在北宋文坛影响巨大，甚至有人说"凡有井水处，皆能歌柳词"。柳永是当时词风的代表性人物，而此时宋词主流也是婉约风格的作品。苏东坡说：我所创作这首词是着意与"柳七郎风味"不同的。因此他自己认为"自是一家"，表达出自己在文学、艺术上独创性的思想。

　　尤其有意思的是，他用了"呵呵"二字。在现代社会很多人在网络聊天的时候经常用"呵呵"二字，甚至有人说聊天止于"呵呵"。在苏东坡的时代，"呵呵"两个字是需要手写的，他并非只是顺手而为，而"呵呵"二字更主要表现出苏东坡的志得意满，一种得意的心情溢于言表。苏东坡在

　　[①]［宋］苏轼著，孔凡礼点校：《苏轼文集》第1559–1560页，中华书局，1986年版。

很多书信当中都喜欢用这两个字，据统计有三十几处用了"呵呵"。有人说，苏东坡原来是聊天"呵呵"的鼻祖。

苏东坡写这首词的背景是在打猎的时候，让手下的数百壮士集体大合唱，这是对宋词风格的一种反叛。在这之前宋词都是由女子来唱的，苏东坡不但让男人唱词，而且是数百壮士的大合唱。节拍就是"抵掌顿足"，同时军中没有管弦丝竹的乐器，就用笛和鼓来作伴奏，苏东坡提出这样的唱法是"壮观"。"壮观"一词用来形容宋词，这也是前所未有的审美发明。

第二年中秋的时候，苏辙和苏东坡约好一起欢度中秋佳节，但是因事不能前来。苏东坡特别怀念自己的弟弟，写下著名的《水调歌头·明月几时有》：

> 丙辰中秋，欢饮达旦，大醉。作此篇，兼怀子由。
>
> 明月几时有？把酒问青天。不知天上宫阙，今夕是何年？我欲乘风归去，又恐琼楼玉宇，高处不胜寒。起舞弄清影，何似在人间？
>
> 转朱阁，低绮户，照无眠。不应有恨，何事长向别时圆？人有悲欢离合，月有阴晴圆缺，此事古难全。但愿人长久，千里共婵娟。①

①邹同庆、王宗堂著：《苏轼词编年校注》第173页，中华书局，2002年版。

苏东坡通过对中秋月色的描绘，表达了自己虽外任但希望朝廷重用自己的心态，同时又表达了对亲人的怀念，希望手足兄弟团圆的心情。尤其是"但愿人长久，千里共婵娟"一句，更是写出了人间至真的情意。胡仔在《苕溪渔隐丛话·后集》卷三十九评价道："中秋词自东坡《水调歌头》一出，余词尽废。"这首词当代很多歌手把它改成流行歌曲传唱，是真正的"经典永流传"，可以作为一个佐证。

密州的生活虽然较杭州时艰苦，苏东坡也开始在这样困难的生活当中重新审视自己。他在密州时期对《庄子》这部书比较感兴趣。庄子的思想是齐物的思想，强调人和自然相融合，力求摆脱尘世束缚，对于人世的美丑善恶进行重新审视。苏东坡从中获得了自己调整情绪的动力，他从《庄子》当中体悟到对生活的信念，如在《后杞菊赋》当中说：

> 人生一世，如屈伸肘。何者为贫，何者
> 为富？何者为美，何者为陋？[1]

认为人生就像人的胳膊一伸一屈这样的短暂。而所谓的贫富、美丑等也都是相对的，所以对于这些事情并不要太计较。这种思想非常达观，支撑着苏东坡在逆境中勇敢地坚持下去。

熙宁九年（1076）十二月中旬，苏东坡在密州任上已经任满，朝廷任命他到河中府（今山西省永济县以西）担任新的

---

[1]［宋］苏轼著，孔凡礼点校：《苏轼文集》第4页，中华书局，1986年版。

职务。苏东坡带着家眷离开了这片自己曾经奋斗过的土地。

苏东坡路过山东济南，在老朋友李常家住了一个多月。

第二年二月上旬，苏东坡带领全家继续赶路。行到山东鄄城一带，这时候苏辙已经从蕲州任上调任京官，专程从汴京赶来，来迎接苏东坡。自颍州分别后，兄弟两个已经有六年没有见面，如今能够重逢，非常高兴。兄弟两个一同往河中赶路，在陈桥驿（今河南省开封市北）的时候，突然又接到新的诏令，苏东坡改任徐州知州，兄弟二人也不必再进京城答谢。二人只得转身返回。苏东坡暂时寓居在当时的朋友范镇家里。到达了徐州后，苏辙一住就是三个多月，兄弟二人又度过了一段非常欢愉的相聚时光。

苏辙将要离开徐州的时候，苏东坡恋恋不舍，于是邀集了很多朋友在彭城山下摆下酒宴与弟弟送别。当时天空晴朗，水面上时有鸿雁飞过，兄弟二人心情百感交集，苏东坡写下了一首《阳关曲·中秋作》：

> 暮云收尽溢清寒，银汉无声转玉盘。
> 此生此夜不长好，明月明年何处看？①

词中通过对中秋之夜月亮的描摹，营造出一种淡淡的哀伤氛围。本来是一个团圆的节日，却透露出兄弟不得不分别的无奈之情。第二天，苏辙告别哥哥，苏东坡内心非常伤感和悲痛，又写下了一些诗文表达对弟弟的不舍之情。

---

①邹同庆、王宗堂著：《苏轼词编年校注》第209页，中华书局，2002年版。

抗洪抢险救黎民

——东坡在徐州

熙宁十年（1077）四月，苏东坡去徐州赴任。这年徐州发生了一次特大的水灾，苏东坡马上投入到紧张的抗洪工作当中。苏东坡在多地任职时都曾组织抗洪抢险工作，这也是他的一种独特经历。

　　这次水灾主要是由黄河决口所造成的。黄河历来被称作中国的"母亲河"，但历史上也因多次的泛滥、改道给百姓带来了极大的灾害。因此历史上很多的英雄人物都是同治水、抗洪紧密相关的，从传说中的大禹治水，到后来的历朝历代的很多地方官员，都围绕着治理黄河的水患做了大量的工作。

　　这年的七月十七日，黄河在澶州曹村决口，洪水淹没了大量村庄和良田。八月二十一日，洪水到了徐州城下。由于徐州城南有两座山环绕着，所以洪水全都被堵在徐州城下，水位竟高达近三丈，比城中的平地还要高出一丈多。再加上连日的大雨，水位每天都有上涨的趋势，徐州的城墙也随时都有倒塌的危险。如果城墙被大水冲倒，徐州马上就会被大水吞没，黎民百姓将会遭受灭顶之灾，形势十分危急。由于大水的威胁，徐州的百姓十分惶恐，很多百姓争先恐后地逃出徐州城去躲避水灾。苏东坡身为一州太守，刚刚赴任，他下决心要同洪水奋战到底，守护徐州。

在这次抗洪救灾当中苏东坡表现出了杰出的组织才能。

历史上徐州遭受水灾的时候大家都是以逃难来躲避水灾，而没有从正面、积极的角度来治理。这一次，苏东坡却一定要率领百姓同洪水斗争。他觉得，如果徐州的百姓当中那些富裕的家庭出去逃避，就会让民心受到动摇，自己也没有办法再组织力量来进行有效的抗洪。因此，苏东坡下令：任何人不得出城。但是很多人非常不满，说："如果不出城的话，不是在这里等死吗？"

苏东坡说："请大家放心，我作为一州太守，和大家一起守在城中，和大家一起保卫徐州城，只要有我在，就不会让徐州城被洪水侵袭。"很多人看到太守的态度如此坚决，也都没有再继续出城逃命。百姓们都表示一定同太守一起抗洪，保卫自己的家园。

稳定住了民心，苏东坡又率先来到了徐州城的禁军营中。因为当时徐州的人手不够，而当地的驻军是由皇帝直接统率，由朝廷的太尉府来辖管。如果没有太尉府的军令，地方官员是不可以调动军队的。但是眼下地方上遭受水灾，形势紧急，无法按照常规来行动了。洪水已经临近城下，形势非常危急，苏东坡找到禁军的首领，恳请特事特办。禁军是由朝廷统领，但是他希望能够得到支持，以保百姓的生命财产安全。

禁军的首领看到苏东坡作为一个太守亲自冒着大雨蹚着水来求援，深受感动，说："太守既然如此不辞辛劳，带头抗洪，难道我们作为武夫就不能为百姓出力吗？"于是调动了禁军部队投入到抗洪队伍当中。

军队的加入使抗洪的力量大大增加，军民共同在徐州的城南筑起了一道大堤，洪水到了大堤之后不能进一步冲进城内。看到这种情况民心也得到了一些稳定，因为并没有像以往洪灾泛滥的时候大水直接冲进城内。但是紧接着又下了两天两夜的暴雨，洪水继续猛涨，苏东坡每天自己都穿着蓑衣、草鞋，拄着木杖出现在每一处最危险的地方，指挥军民参与抗洪抢险的斗争。由于连日的大雨，水位继续上涨，离城头也只有几寸高了。苏东坡的奔波更加辛苦，甚至到了晚上他也不回家休息，实在太困太累了，就在城墙上临时搭的棚子里休息一下。苏东坡像大禹一样，几次路过自己的家门都没有进去看一眼，他心中想的只有徐州的百姓，只有如何抗洪。

当时徐州城外洪水茫茫无际，很多房屋都被冲走了，百姓也有很多伤亡。苏东坡派熟悉水性的人用船载着粮食到处进行营救，使很多人脱离了危险。在这些日子里苏东坡真是忧心如焚，不知道怎样才能有效地治理洪水。后来苏东坡采纳了一个和尚的意见，派人开凿清冷口，把洪水引入了黄河故道。自古以来，大禹留给后人的治水经验就是，洪水只能疏导，而不能只靠堵的方式进行治理。苏东坡这样用疏导的方式也有效地治理了这次洪水。

十月十二日，一整天狂风怒号，到了傍晚，风渐渐停了，洪水已经引入了黄河原来的河道，城外的大水正逐渐退去。苏东坡欣喜若狂，写下了《河复》这首诗表达自己的高兴心情：

君不见西汉元光元封间，河决瓠子二十
年。

钜野东倾淮泗满，楚人恣食黄河鳝。

万里沙回封禅罢，初遣越巫沉白马。

河公未许人力穷，薪刍万计随流下。

吾君盛德如唐尧，百神受职河神骄。

帝遣风师下约束，北流夜起澶州桥。

东风吹冻收微渌，神功不用淇园竹。

楚人种麦满河淤，仰看浮槎栖古木。[1]

　　诗中列举了历代黄河决堤带给百姓灾难的事例，强调治黄的重要性。如今经过军民齐心协力，能够取得抗洪的胜利，降服了黄河水患，是多么值得庆祝的大好事啊！

　　经历了七十多个昼夜的艰苦奋战，徐州城终于保住了，徐州的百姓无不欢欣鼓舞。苏东坡回到城中看到四处皆是大水留下的痕迹。但不管怎么样，徐州没有被洪水淹没。于是他又非常高兴地写下了《答吕梁仲屯田》这首诗，表达了抗洪胜利的欢愉之情。其中写道：

岁寒霜重水归壑，但见屋瓦留沙痕。

入城相对如梦寐，我亦仅免为鱼鼋。

　　① ［宋］苏轼著，［清］王文诰辑注，孔凡礼点校：《苏轼诗集》第765页，中华书局，1982年版。

旋呼歌舞杂诙笑，不惜饮釂空瓶盆。

念君官舍冰雪冷，新诗美酒聊相温。[①]

诗中写洪水退去之后，留下的水患痕迹清晰可见。而诗人感觉如同做梦一般，载歌载舞，开怀畅饮，尽情表达喜悦之情。

由于这次抗洪有功，神宗皇帝亲自下诏书表扬了苏东坡。但是苏东坡并未满足于现状，为了防止来年洪水再次发生，他又投入到另一场紧张修筑徐州城堤的工作当中。当时朝廷正忙于堵塞澶州的决口，没有时间顾及徐州。直到第二年二月，朝廷才同意了苏东坡的请求，拨下钱、米，征调农夫改筑徐州外城。工程完成之后，苏东坡在徐州城东门上就势建了一座高达十余丈的楼阁，这座楼阁全用黄土刷墙，所以取名为"黄楼"。"黄"代表黄土，表示可以克水。因此黄楼便成为徐州征服洪水的象征。

为了庆祝黄楼的建成，苏东坡邀请了很多知名的人士来参加这次庆典，徐州的百姓也都穿上节日的盛装聚集于楼下，共同庆祝盛景。苏东坡十分感慨，写下了《九日黄楼作》这首诗：

去年重阳不可说，南城夜半千沤发。

水穿城下作雷鸣，泥满城头飞雨滑。

黄花白酒无人问，日暮归来洗靴袜。

---

① ［宋］苏轼著，［清］王文诰辑注，孔凡礼点校：《苏轼诗集》第774—775页，中华书局，1982年版。

岂知还复有今年，把盏对花容一呷。

莫嫌酒薄红粉陋，终胜泥中千柄锸。

黄楼新成壁未干，清河已落霜初杀。

朝来白露如细雨，南山不见千寻刹。

楼前便作海茫茫，楼下空闻橹鸦轧。

薄寒中人老可畏，热酒浇肠气先压。

烟消日出见渔村，远水鳞鳞山齾齾。

诗人猛士杂龙虎，楚舞吴歌乱鹅鸭。

一杯相属君勿辞，此景何殊泛清霅。[1]

诗中回忆一年前抗洪的情形，当时徐州城生死存亡一线之间，如今经历了一场惊心动魄的抗洪斗争后，战胜洪灾，保全了城池，黎民免受苦难。修建黄楼以作纪念，大家开怀畅饮。黄楼之下，黎民一派祥和安居的景象。

有了这段生死存亡和共同拼搏的经历，徐州的百姓对苏东坡的爱戴之情油然而生。

元丰元年（1078），徐州春旱严重。中国古代社会，对于气象信息认识不够，遇到水旱灾害等情况，常由最高统治者或者是地方官员向上天祈求风调雨顺。苏东坡一方面积极带领民众抗旱，另一方面他也带领百姓向山神求雨。早已过了播种的季节，但是小麦却因为大旱迟迟播种不下去。据当地的百姓讲，徐州城东二十里的地方有一个石潭，这个石潭同泗水相通，大旱的时候到这里来祈雨是很灵验的。于是苏

---

① ［宋］苏轼著，［清］王文诰辑注，孔凡礼点校：《苏轼诗集》第868页，中华书局，1982年版。

东坡又像从前一样，沐浴斋戒，率领百姓到石潭祭祀祈雨，并写下了《起伏龙行》诗来记述这件事情。

巧合的是，苏东坡在地方任上多次遇到过春旱的灾害，他带领民众去求雨，都求雨得雨，这或许是上天对苏东坡的一个眷顾。

按照古代的做法，上天遂愿之后一定要进行还愿。于是苏东坡带领百姓去谢雨。一路上他看到农村到处欣欣向荣，已是一派丰收的景象，苏东坡抑制不住自己内心的喜悦，一连写下了五首《浣溪沙·徐门石潭谢雨》，这是一组描写初夏农村风光，充满生活气息和情趣的优美作品。其中第四首词当中写道：

簌簌衣巾落枣花，村南村北响缲车，牛衣古柳卖黄瓜。

酒困日长惟欲睡，日高人渴谩思茶，敲门试问野人家。[1]

全词写了枣花要落的时候农村劳作的景象。"缲车"就是纺线织布的车，"牛衣"则指给牛马覆盖的草片子，这里指穿得比较破烂的老百姓，他们在柳树下卖黄瓜呢。大热天，苏东坡在喝完酒之后口渴，于是到农民家敲门："能不能讨杯水喝？"全词写得非常欢快自然，充满了浓浓的生活气息。

---

①邹同庆、王宗堂著：《苏轼词编年校注》第235页，中华书局，2002年版。

在徐州苏东坡还做了一件大好事，就是为徐州的百姓找到了煤矿。徐州一带以前没有发现煤矿，平常人们靠烧柴草生活，还勉强过得去，偏偏在熙宁九年（1076）冬天，徐州一带雨雪连绵，山民们无法进山砍柴，使得徐州城内的军民严重缺乏烧柴，城内仅有的一点烧柴却贵得出奇，甚至有的抱一床被子还换不到半捆湿柴。

苏东坡体察到老百姓的困难，在元丰元年（1078）十二月，派人出去探矿，终于在徐州城西南的白土镇发现了煤矿，而且煤的数量多、质量好。煤矿的发现不仅可以解决徐州百姓的日常生活所需，还可以用它来冶矿炼铁，制作兵器，这确实是件轰动徐州全城的大喜事，成千上万的老百姓争先恐后地前来观看。苏东坡在和大家一起欢庆的时候写下《石炭》《田国博见示石炭诗》两首诗（当时把煤称作"石炭"），苏东坡用诗歌来描述这一盛事。

这是中国最早咏煤炭的诗歌，也是世界上最早写煤炭的诗歌。

正像欧阳修生前所说的那样，在他去世以后苏东坡逐渐成了北宋文坛的领袖人物，很多读书人慕名而投到苏东坡门下。苏东坡对于这些好学的青年都给予精心的栽培，鼓励他们上进。一个名叫黄庭坚的诗人从大名府（今河北省大名县）给苏东坡写信，愿意投到苏东坡门下，同时寄来两首古风诗请求给予指教。苏东坡并不以师长自居，他十分谦虚地给黄庭坚回了信，赞许他的两首古风，并按原韵和了两首一起寄了过去。后来黄庭坚成了"苏门四学士"当中的代表人物，也是北宋著名的诗人、书法家。

著名词人秦观学识渊博，才思敏捷，但这时已经三十岁了，仍然是一个穷秀才，默默无闻。他早就崇拜苏东坡，在赴京参加考试的途中特意到徐州拜访苏东坡。苏东坡非常喜欢秦观，款待了他。在《别子瞻》一诗中，秦观由衷表达了对苏东坡的崇敬："我独不愿万户侯，惟愿一识苏徐州。"苏东坡也立即写了一首《次韵秦观秀才见赠秦与孙莘老李公择甚熟将入京应举》诗赠给秦观。不久和尚参廖给苏东坡来信说，秦观没有能考中进士，并随信寄来了秦观写的绝句，苏东坡马上和了三首诗，让参廖转给秦观。在诗中东坡热情勉励秦观不要灰心丧气，要勇敢地坚持下去。后来秦观终于没有辜负苏东坡的殷切期望，于神宗元丰八年（1085）考中进士，并成为北宋著名的词人，也成为"苏门四学士"之一。

　　正是由于苏东坡这样的热情、诚恳、谦虚的态度，登门求教的人越来越多。在这段时间里，又有晁补之、张耒、陈师道、李廌来投奔苏东坡。他们同黄庭坚、秦观一道被称为"苏门六君子"。其中黄庭坚、晁补之、秦观、张耒四个人又被称作"苏门四学士"。这些著名的文人都是经过苏东坡的培养和推荐才在仕途和学业上有了较大的长进，后来都成为名满天下的人物的。

小妹传说流传广

——东坡与小妹

苏东坡并没有妹妹，他有一个姐姐八娘，长大成人后，能诗能文，据说就是苏小妹的原型。但是在民间传说当中有很多关于苏小妹的传说，也可能是后世的读者们特别喜爱苏东坡，想要给他的生活增添一些趣事，因此虚构出来一个苏小妹。

　　据说苏小妹相貌平平，却十分有文才，丝毫不比父亲和两个哥哥差。

　　有一天早晨，苏东坡和小妹偶然在庭院中相逢，小妹一时来了兴致，要考一考哥哥。

　　"兄长，小妹有一道题，不知你能否答上？"

　　苏东坡平时知道小妹争强好胜，于是微笑着点头答应。

　　苏小妹略一沉吟，说道："有两句诗，'清风×细柳，淡月×梅花'，你看中间应该切入哪两个字比较合适呢？"

　　苏东坡稍加思索，答道："'清风摇细柳，淡月映梅花。'小妹，你觉得怎么样？"

　　苏小妹摇了摇头："太俗。"

　　苏东坡一看妹妹不满意，马上又改道："'清风舞细柳，淡月影梅花。'如何？"

苏小妹又摇了摇头说："太色。"

苏东坡在院子当中来回踱步，说道："那么就改成'清风吹细柳，淡月看梅花'，小妹感觉如何？"

苏小妹还是摇头说道："太呆。"

苏东坡一看，自己想出的三句诗都被小妹否定了，那么她一定有更好的句子。于是问道："那依小妹之见，该如何呢？"

苏小妹故意思索了一下，慢条斯理地说："依我看，改成'清风抚细柳，淡月失梅花'，兄长意下如何？"

苏东坡仔细一琢磨，清风像一个温柔的人一样，轻轻抚起那细细的柳条，淡月也饱含着深情映照大地，朦胧之中梅花若隐若现，真是一幅美妙的图画。

苏东坡假装生气说道："原来你早就想好了，故意为难为兄，是不是？"

"兄长别见怪，咱们不妨现场对一个对联，看你能否对上，如果能对得上，小妹甘拜下风。"

"好呀，小妹请出题。"

"我有一个上联，'哥哥堂前邀双月'。"苏小妹所说这句对联当中，这个"双月"合起来就是一个"朋"字，就是说哥哥昨天在前堂和几位朋友相会之事，不知苏东坡能否对上。苏小妹把这句对联说出来之后含着几分自信与得意。

苏东坡一听，感觉这个句子出得非常巧妙，而且确实很难对。他正在思索的时候，忽然看见妹妹伸手在身上捉痒，于是灵机一动说出了下联："妹妹窗下捉半风。"

苏小妹一时没有理解，问："'半风'是什么意思呢？"

苏东坡解释道："这个'半风'嘛，半个'风'字正好是'虱'字，刚好和你的动作相对应。"说完之后苏东坡哈哈大笑起来。

苏小妹非常生气，噘着嘴说："兄长坏死了，竟敢作诗嘲笑我。"她哪里肯吃这样的亏，于是也决定作诗嘲笑哥哥一下，说："哥哥看看你的样子，满脸的络腮胡子，一直连到了鬓角，耳朵和嘴都快找不到了。我这里也有一首诗送给你：'一丛衰草出唇间，须发连鬓耳杳然；口角几回无觅处，忽听毛里有声传。'"

苏东坡一听也不甘示弱，存心和小妹开开玩笑，他假装一本正经地说："太夸张了吧，我的胡子多得连嘴都找不到了？好，那么小妹长的有一个大奔儿头，我也给你作诗一首：'未出堂前三五步，额头先到画堂前；几回拭泪深难到，留得汪汪两道泉。'"就是说苏小妹的额头特别大，人还在堂前屋子里的时候，脑门已经到了庭院前面。因为奔儿头太大，所以眼眶很深，流的眼泪都留存在眼眶当中，就像两汪泉水一样。

苏小妹说："你又嘲笑我的长相，那么再看看你的长脸，我再给你写诗一首：'天平地阔路三千，遥望双眉云汉间；去年一滴相思泪，至今流不到腮边。'"就是说苏东坡的脸特别长，两条眉毛就像在云彩当中一样，而脸因为太长，去年淌的眼泪今年还到春天还没有流到腮帮子这里。

苏东坡哈哈大笑，说："小妹才思敏捷，为兄认输。"

兄妹两个人忍不住都笑了起来。

苏小妹文采出众，择婚的要求也比较高，相貌、年龄都不是最主要的，一定要才华横溢，学富五车，因此好多求婚的人都被挡了回去。看着苏小妹的年龄越来越大，苏东坡心中不免暗暗着急。后来秦观向苏东坡求学，苏东坡见秦观单身一人，不但仪表堂堂，而且才华出众，就出面促成了他和小妹的婚事。

　　结婚的当天晚上，送走了贺喜的亲朋好友之后，秦观兴冲冲地向洞房走去，可是到了洞房门口却发现房门紧闭，居然吃了个闭门羹。秦观正在纳闷，是不是走错了地方？

　　丫鬟开门走了出来，向秦观行礼道："恭喜新姑老爷，丫鬟奉小姐之命在这里恭候多时了。"

　　秦观一愣，忙问："有什么事吗？"

　　丫鬟递送了秦观一个信封，说："小姐给您出了一道题，如果新姑爷能答上就请入洞房，如果答不上就罚您在厢房读书三个月。"

　　秦观早就听说苏小妹很有才学，但没想到入洞房还要考试的。他连忙打开信封，见里面写的是一副对联，上联"双手推出窗前月，月明星稀，今夜断然不雨"。这里"雨"同"语"语义双关，这个上联初看并不太难，但仔细推敲起来，这个句子出得非常巧妙，意在言外：如果新郎对不出下联，今晚就不会同你说话，更别想入洞房了。

　　秦观决心要对得格外传神才能显出自己的才华来，可是左思右想，一时之间居然想不出满意的下联来。秦观反复吟咏着上联，双手做出推开窗的姿势，苦苦思索。

　　时间悄悄地过去了，咚咚咚，更鼓响了三声，秦观听了更加着急，精力也不能集中。回头看看小丫鬟，已经坐在洞房门前的台阶上打起瞌睡来。

苏东坡知道苏小妹爱开玩笑，夜晚他悄悄地走到亭前，果然看见秦观在那里来回踱步。问清了情况之后，苏东坡微微笑了，暗暗点头，赞赏小妹的聪明，他已经想出了下联，但不好直说出来，一是怕小妹生气，二是怕秦观难堪。怎么办呢？苏东坡灵机一动，他拾起一粒石子，"咚"的一声投到庭院中的小池塘里，皎洁的月光下，波光闪动，涟漪层层荡漾开。

秦观见了，一下明白了，他大叫一声："有了，这不是一副绝妙的好联嘛！"说着秦观三步并作两步来到庭院中的小桌前，抓起笔飞快地写出了下联："一石击破水中天，天高气爽，明朝必定成霜。"这里"霜"同成双成对的"双"也是语义双关，意思是同小妹洞房花烛，成双成对。

小丫鬟被秦观的叫声惊醒，才知道他已经给出了下联，于是急忙给小姐送到房中去。

过了一会儿，洞房门打开了，小丫鬟笑容可掬地走出来说："恭喜新姑老爷通过考试，请您快入洞房。"

这些民间传说并不可信，因为没有"苏小妹"这样一个人，更不会有洞房花烛夜考新郎秦观的故事了。

再比如苏东坡的长相，据史料记载以及北宋时期的画像来看，苏东坡长的是山羊胡，并非大络腮胡。苏东坡长着络腮胡也是一种民间传说，很多读者在网上搜索苏东坡的画像满脸的大络腮胡子，这是不正确的。

倒是写词婉约无比的秦观，长着一副络腮胡。

苏东坡的好朋友孔武仲在诗中记载，苏东坡的眉毛长而高挑，称为"双秀眉"。苏东坡的另一位好朋友书法家兼画家米芾也有记载，说苏东坡"方瞳正碧"。古人有的时候会为英雄偶像伪造出一些奇特的长相，比如项羽的重瞳，但是说苏东坡的眼珠有一点儿发蓝还是可信的，很多人都说苏东坡的眼睛很亮，想必与颜色也有关。

　　苏东坡的颧骨特别高，寿骨贯耳。他自己的散文《传神记》中说：

　　　　吾尝于灯下顾自见颊影，使人就壁模之，不作眉目，见者皆失笑，知其为吾也。①

　　晚上点灯，苏东坡的影子映到墙上了，他让人把剪影画下来，但是五官都不画。画完之后让旁人猜是谁，大家一看就乐了，这不就是苏东坡嘛，别的不用看，剪影上的颧骨特别突出，就是东坡的"典型特征"。

　　此外，苏东坡的右颊上有三颗痣。

　　最重要的是苏东坡个子特别高，他自己的诗中写道："七尺顽躯走世尘，十围便腹贮天真。"还有人说他身高八尺。按北宋时的度量衡，尺的长度比当今要短，并且"七尺""八尺"都是文学性的夸张，并不能坐实。但可以肯定的是，苏家父子兄弟三人个子都非常高，这是没什么疑义

---

　　① ［宋］苏轼著，孔凡礼点校：《苏轼文集》第365页，中华书局，1986年版。

的。

　　综上来看，苏东坡的长相没有那么英俊潇洒，但也还算可以，身高确是非常惹人注目，而且脸较长，才会有前面传说中苏小妹嘲笑他脸长的诗吧。

乌台诗案陷图圄

——东坡与诗案

元丰二年（1079），苏东坡调任湖州知州。湖州的风景要比徐州优美得多，苏轼在湖州又度过了一段悠闲的时光，因此他的文学创作再度勃发，佳作频出。

　　苏东坡在湖州不但政绩卓著，而且在文学创作上也进一步提升，苏东坡不仅是一个文学家，还是一个大书法家、画家、思想家、学者。他的文艺思想在这一时期也逐渐地向前发展和成熟。这年七月七日，苏东坡在晾晒书画时发现了自己的好朋友从表兄文同所画的一幅《筼筜谷偃竹》，此时文同已经去世半年了。苏东坡睹物思人，想起了自己的好朋友，于是写下了《文与可画筼筜谷偃竹记》这篇文章，其中写道：

　　　　竹之始生，一寸之萌耳，而节叶具焉，自蜩腹蛇蚹以至于剑拔十寻者，生而有之也。今画者乃节节而为之，叶叶而累之，岂复有竹乎？故画竹必先得成竹于胸中，执笔熟视，乃见其所欲画者，急起从之，振笔直遂，以追其所见，如兔起鹘落，少纵则逝

矣。与可之教予如此，予不能然也，而心识
其所以然。夫既心识其所以然而不能然者，
内外不一，心手不相应，不学之过也。故凡
有见于中而操之不熟者，平居自视了然，而
临事忽焉丧之，岂独竹乎？[①]

　　苏东坡在这篇文章当中表明了自己的文艺思想。他以画
竹子为例，指出竹子从最初的生长哪怕只有一寸高，但也
是节叶都全的。"蜩腹"即蝉翼，"蛇蚹"则指蛇蜕皮。指
竹叶就像蝉翼或者蛇蜕的皮一样短小，最后长到十几米高，
都是自然生出这些节叶的。而现在画竹子的人却一节一节来
画，一片叶子一片叶子累加上去，这样难道是真正竹子生长
的自然状态吗？所以说苏东坡提出，画竹子必须是先"成竹
于胸"，内心当中对竹子有全面的感悟，然后拿起笔仔细地
审视，把自己所要画的内心的想法以及所见的竹子快速地画
出，就像"兔起鹘落"一样，把那种艺术灵感把握住，否则
稍纵即逝。苏东坡说这是文同教自己的方法，自己内心理解
他的深刻道理，但是却做不到，自己是"内外不一、心手不
相应"。苏东坡又借此推断出很多事情，平时看似很熟悉，
但是真正面临事情的时候一下子全都忘了。

　　湖州也是鱼米之乡，但由于近几年来自然灾害频繁，庄
稼收成非常不好，连续几年发生了大的瘟疫、灾荒，死了很
多人。现在的湖州许多城镇十分萧条，土地荒芜，没有人耕

---

　　① ［宋］苏轼著，孔凡礼点校：《苏轼文集》第356页，中华书局，1986年
版。

种，完全失去了往日繁华的景象。苏东坡看到这种情况十分心痛。他认为死了这么多的人，一方面是由于自然灾害所造成的，另一方面同朝廷实施的新法有关。执掌政权的大臣没有掌握民情，没有拿出有效的解决办法，而新法中的某些政策加重了百姓的负担，造成了严重的后果，天灾与人祸交织在一起。苏东坡虽然满腹牢骚，但是像在其他的地方任太守时一样，积极救灾，准备与百姓一起度过灾年。

苏东坡没有想到，这次，他所面临的是一场巨大的灾难。

当时北宋的朝廷政治斗争非常激烈，熙宁七年（1074），由于新法不得民心，王安石遭到顽固派的攻击，他被迫辞去了宰相的职务，到江宁府（今江苏省南京市）担任知府的职务。王安石在辞去相位之前，向神宗皇帝建议由韩绛代替自己担任宰相，由吕惠卿任副宰相。王安石手下的一批得力干将有些在道德情操、政治品位方面很差，其中吕惠卿就是有名的野心家和阴谋家。吕惠卿靠王安石的帮助得到了副宰相的职位，仍然不满足，为了当上宰相，他不但想方设法排挤宰相韩绛，同时又攻击辞职的王安石，防止王安石再次做宰相。韩绛觉察到吕惠卿的意图，感觉自己斗不过他，于是就向神宗皇帝秘密上疏，请求重新起用王安石。

熙宁八年（1075）二月，王安石被重新招回朝廷出任宰相职务，吕惠卿则被贬到陈州。吕惠卿在陈州给神宗皇帝上疏，批评王安石不务正业，还把自己和王安石在私信中的一些事情揭露出来，用心险恶、人品低下。

由于保守派的攻击和变法派中一些人的排挤，王安石不得不在第二年十月再度罢相。他从此退居金陵，直到去世，再也没有回到朝廷。

在王安石变法期间，一些有能力而又正直的大臣因为同他政见不同纷纷离开朝廷，王安石不得不重用一些表示支持新法但是没有什么能力的人，这些人被称为"新进"。王安石辞职之后这些人执掌了朝廷大权，开始排挤、打击那些持不同政见的人。

苏东坡到达湖州任上之后，按照惯例要给皇帝写谢表，表达自己的感激之情。他在《湖州谢上表》当中写道：

> 知其愚不适时，难以追陪新进；察其老
> 不生事，或能牧养小民。[1]

这份谢表像以往的奏章一样在邸报上发表。这本来是苏东坡表示自谦的话，说自己不合时宜，难以同其他大臣共事，又因为年纪大了，不会惹是生非，所以在地方上照顾百姓。但是其中"新进""生事"等字眼却极大地刺痛了朝廷上的一批人，认为苏东坡是有意讽刺他们无能，只会在朝廷上惹是生非，于是就群起而攻之，弹劾苏东坡。

六月二十七日，监察御史里行何正臣首先发难，上疏神宗皇帝，弹劾苏东坡愚弄朝廷，妄自尊大，并且将别人刻印的《元丰续添苏学士钱塘集》呈献给神宗。接着监察御史里行舒亶也上疏，指责苏东坡所写的《山村五绝》中有讽刺新

---

[1] ［宋］苏轼著，孔凡礼点校：《苏轼文集》第654页，中华书局，1986年版。

法的句子。并诬蔑苏东坡，称他所写的诗无一不是以讽刺为主，并且四处宣扬，以扩大影响。接着国子监博士李宜等人也相继上疏诬蔑苏东坡。

在这些人中，御史中丞李定是完全出于个人的恩怨对苏东坡进行报复的。李定，隐瞒父亲去世不去服丧守孝。这在古代官员制度当中是非常严重的问题，如果隐瞒家中父母去世的消息不去守孝，应该是撤免官职，遭受处罚的。苏东坡因为这件事十分讨厌李定，说他是一个道德水准低下的人。李定对苏东坡怀恨在心，一直想找机会报复，这次看机会来了，趁机下手，想将苏东坡置于死地，自己才能满足。他向神宗皇帝上疏，编造了苏东坡的四大罪状：第一条，苏东坡没有什么能耐，只知道讽刺朝廷，但是朝廷给他悔过自新的机会，他却不知悔改；第二条，不但不知道悔改，而且经常说一些狂傲、诋毁朝廷的话；第三条，苏东坡同时写了很多充满诽谤性的诗文蛊惑人心；第四条，苏东坡明明知道自己的私欲不能满足，反而诋毁圣上，可谓明知故犯。

最初神宗皇帝并不愿意追究此事，认为苏东坡只不过写几句诗，发发牢骚而已，但是何正臣、李定等人接连上疏，一口咬定苏东坡的罪状。神宗皇帝一连接到了多份状子都直指苏东坡，也感觉到民声沸腾，应该予以重视。因此在接到李定的这篇奏章之后传下圣旨捉拿苏东坡，交御史台处理。当时朝廷大臣当中想公开陷害苏东坡的人并不多，大家都知道苏东坡的才华很出众，又是一个非常正直的好官，因此谁也不愿意去逮捕苏东坡。这件事让李定等很生气，也觉得非常没面子。最后李定等人的一个死党太常博士皇甫遵自告奋勇请求去拘捕苏东坡。在离京的时候，他还向神宗请求在途中过夜的时候可不可以把苏东坡关在监狱当中，神宗皇帝皱皱眉，摆了摆手说："只不过想找苏东坡问一问诗句当中一些事情，用不着这样，带回京城就可以了。"

皇甫遵领了圣旨之后立刻带着自己的儿子和两个差人离开京城，日夜兼程奔向湖州。

朝廷的驸马都尉王诜是苏东坡的好朋友，苏东坡的诗集也是他刻印的。听到这个消息后王诜非常着急，立刻派人通知苏辙，让他火速通知苏东坡早早地做好准备。苏辙当时任南京（今河南省商丘市）牧官。听到这个消息后吃了一惊，急忙派了一名信差马不停蹄地去报告苏东坡。

本来苏辙所派的信差比皇甫遵等起身晚，加上皇甫遵的出行速度非常快，是赶不过他们的。不料皇甫遵赶到润州（今江苏省镇江市）时儿子生病了，需要找大夫诊治，不得不耽误了半天，所以苏辙的信差才抢先一步到了湖州。

苏东坡刚到湖州不久，也很喜欢这里，正准备好好做一番事业的时候，却得到了这样意外的消息，而且似乎这一次来头不小，形势十分严峻。灾难的突然降临让苏东坡不知所措，他不知道自己犯了什么罪，罪过有多大。等到皇甫遵等赶到湖州的时候，苏东坡已告假，由湖州通判祖无颇代理州事。

皇甫遵到达湖州后直奔太守大堂，他穿着朝服、朝靴，手拿笏板，旁若无人地站在大堂前。在他的两边有两个差人服侍着，都身着白衣，头戴青巾，面目狰狞，气势汹汹。衙门里的人慌作一团，不知道发生了什么大事。

苏东坡看到这种架式，便和祖无颇商议，自己不去迎接。祖无颇劝慰他说："事已至此，钦差既然已经来了，还是出去见一见为好，如果不出去的话，罪责只会更大的。"

苏东坡也逐渐镇定下来，准备去迎接钦差，但犹豫道："如今我已经是戴罪之身，是不是不应该再穿朝服出去了？"

祖无颇却不以为然，劝说道："未知具体罪名之前，大人依然是一州的太守，穿朝服出迎是必然的。"

苏东坡也穿上朝服、朝靴，手持笏板，到大堂前迎接钦差。祖无颇和州里的其他官员也都依次排列在苏东坡身后。

皇甫遵脸色阴沉地站在那里，身旁两个差人手拿御史台的公文，还紧握一个包裹，看形状，里面似乎藏着刀剑。

大家互相僵持了一会儿，苏东坡首先说道："我以前曾多次得罪朝廷，今天大人一定是来赐我死罪的，死倒不可怕，可是请允许我和家里人做最后的告别。"

皇甫遵这时才面无表情地从牙缝里挤出了几个字："还不至于此。"

祖无颇一看这情形，可能没有原来想象的那么严重，上前试探着问道："那么钦差大人一定有批准逮捕的公文吧？"

皇甫遵严厉地训斥道："你是什么人，敢要公文？"

祖无颇平静地回答："我乃湖州通判，现在代理太守管理州事。"

皇甫遵一听，这才命差人把御史台的公文交给祖无颇。祖无颇打开一看，原来只是一般的拘捕文书，并没有说定什么罪名，大家悬到嗓子眼儿的心才放了下来，稍微松了口气。

皇甫遵要求苏东坡立即启程，苏东坡要求与家人告别，勉强被允许了。

家人听到了这个消息，犹如晴空霹雳。夫人王氏更是哭成了一个泪人。苏东坡此时倒是非常镇定，他为了安慰妻子，给她讲了一个故事：

在宋真宗时期，朝廷要寻找那些有才干、品行好的人，当时有人向真宗皇帝推荐了一个叫杨朴的隐士。杨朴这个人非常有才华，诗又写得很好，但是他不愿意做官。于是朝廷的差人把杨朴带到了京城。真宗皇帝问他："听说你的诗写得很好？"杨朴十分惶恐地说："其实我连半句诗都不会作。"真宗皇帝听了很不高兴，又问他："那么你这次来京城，有没有人写诗送给你啊？"杨朴回答道："别人倒没有写诗，只有我的老妻作了一首诗送给我。"真宗皇帝感觉很有意思："说来朕听听。"杨朴说："她给我写的诗是：'更作落魄耽酒杯，且莫猖狂爱咏诗。今日捉将官里去，这回断送老头皮。'"真宗皇帝听了之后哈哈大笑，他见杨朴如此的诚实，实在不愿意做官，就不勉强，把杨朴放了回去。

苏东坡讲完这个故事，风趣地对夫人王氏说："今天我也要被捉到官府里去了，难道你不能像杨朴的老妻那样给我写首诗送行吗？"夫人王氏一听，忍不住破涕为笑，家人也都跟着笑了起来。

王氏派长子苏迈陪同苏东坡进京，在路上照顾苏东坡。皇甫遵催促立即出城上船。一到衙门口，苏东坡就被两个差人用绳子绑了起来。湖州的百姓看见他们敬仰的太守像鸡鸭一样被捉去，无不泪如雨下，十分气愤。

苏东坡被捕之后，御史台又派人抄了苏东坡的家，搜查苏东坡所有的诗文。这时家里只剩下一些妇女和小孩，看见这些如狼似虎的差人，一个个被吓得战战兢兢，不知如何是好。等到抄家的人去了之后，王夫人气愤地说："老爷一生爱写诗，但写诗有什么用呢？只能招来祸事。"一气之下，王氏把家中残存的苏东坡诗文一把火都烧掉了。

在被押往京城的途中，苏东坡的心情也非常郁闷，甚至多次萌生了自杀的念头。一天他们乘坐的船只船舱坏了，夜晚只好留宿在太湖芦香亭。夜色很好，湖面上泛起了层层涟漪。苏东坡却不能入睡，他的心情非常复杂，望着清冷的银月和茫茫的碧波沉思着：自己被抓到京城，一定会被投到监狱当中，在审讯中难免会连累他人，自己倒不如两眼一闭跳入湖中，岂不是干净？苏东坡想着，起身走向船头，但他突然想起了苏辙，自己和弟弟手足情深，父母去世之后兄弟二人相依为命，如果自己死了，弟弟一定不会独自活在世上，剩下两家的孤儿寡母由谁来照顾呢？想到这里，苏东坡又暂时打消了自杀的念头。

苏东坡于八月十八日被押解到京城，立即被投入御史台监狱。二十日正式开始审讯。按照何正臣、李定等人的本意，置苏东坡于死地，而且要从他这里打开缺口，顺藤摸瓜，挖出一个庞大的反对新法的集团，然后一网打尽。这就是历史上有名的"乌台诗案"。

"乌台"即指御史台，这个名字起源是汉代的御史台外面有很多柏树，上面落满了很多乌鸦，于是百姓就把御史台称作"乌台"，一方面是指这里乌鸦众多，一方面也是指那些御史也像乌鸦那样有一张乌鸦嘴，不说好话。

"乌台诗案"是宋朝建立以来第一次震撼全国的文字狱，在我国历史上也是极其罕见的。

在对东坡进行审讯的时候，李定等人煞费苦心，他们全面搜集了市面上通行的苏东坡所刊发的各种诗文版本，从中找出近百首他们认为有问题的作品，然后逐篇逐句地来进行审查。从现今保存下来的材料来看，这些诗文当中可以分作三类：第一种是与新法毫无关系，纯属穿凿附会，组织诬陷的；第二部分则是确实是对新法有反对的一些内容，但是包含着生活的真实，反映新法在实行过程中所存在弊端的；第三种就是直接反对新法的作品，表现了苏东坡当时的政治见解以及他的一些偏见。

我们不能因为苏东坡的伟大而否定他当时思想上的一些狭隘的地方。

但是这些御史们认为远远不够，他们轮番地进行审问。尤其是那些穿凿附会的，有些诗文现在看起来他们妄置的罪名简直是十分可笑。比如，苏东坡在杭州时所写的《八月十五看潮五绝》其中第四首：

> 吴儿生长狎涛渊，冒利轻生不自怜。
> 东海若知明主意，应教斥卤变桑田。①

---

① ［宋］苏轼著，［清］王文诰辑注，孔凡礼点校：《苏轼诗集》第485页，中华书局，1982年版。

这首诗当时的本意指的是朝廷禁止弄潮，也就是说禁止在这里冲浪，但是舒亶等人指责此诗是攻击神宗皇帝兴修水利的政策。苏东坡当然不能够接受这样无端的指控。他指出这里所说的"禁止弄潮"是指应该禁止那些冲浪的人靠弄潮来为生，而是应该让这些人恢复农业生产，以免遭受生命的威胁。但是这些御史们对此毫不满意，他们反复地来审讯苏东坡，足足逼供了两天。苏东坡被问得身心憔悴，最后承认：你们怎么说我就怎么认。

经过漫长的审讯，苏东坡写了两万多字的供状。御史们经过整理后交给神宗皇帝，指控苏东坡攻击新法、讽刺朝廷的罪名成立，希望皇帝来结案。朝廷大臣对"乌台诗案"的态度也是非常复杂的，李定、舒亶等人必欲置苏东坡于死地，王珪等人添油加醋。有一些人生怕连累自己，避之唯恐不及，但是却有很多正直的大臣们起来营救苏东坡。

苏东坡的弟弟苏辙就给神宗皇帝上疏，指出苏东坡在杭州任通判和在密州任知州时，每每有一些感想就作了诗文，其中有些言语确实过于轻率，但有人因此告状，而圣上对此没有追责，苏东坡已经十分感激。因此不可能再作更多的诗歌来反对朝廷。苏东坡以前写的诗已经流传开，有些人借此攻击苏东坡。苏辙表示愿意用免去自己的官职替苏东坡赎罪。

苏东坡的前辈张方平曾为参知政事，这时已退隐南京，他也愤然上疏营救苏东坡。南京的官吏不敢把张方平的奏章直接转呈，张方平就派自己的儿子张恕到京城文古院投书。张恕来到京城后，徘徊不敢投。苏辙知道了此事，他请求把张方平的奏疏给自己看一看，看了之后大惊失色，对朋友说："哥哥如果能够不被处死，完全是张恕的功劳。"

朋友十分不解，因为张恕没有把奏章投上去，怎能反而救了苏东坡？苏辙说："其实苏东坡获罪只是因为名声太高，与朝廷争胜，有些人对此心怀嫉妒。而张方平却说苏东坡是天下奇才，这样只会激怒圣上，有可能会杀掉苏东坡。"

朋友问："那应该如何向圣上进言呢？"

苏辙说，"应该说本朝从未杀过士大夫，现在杀了苏东坡，后人就会说杀名士的事情是从圣上这里开始的，圣上怕人指责，一定会放过苏东坡的。"

苏辙的这番话恰恰也是很多大臣的一致想法。宰相吴冲上疏说："连曹操那样猜忌多疑的人还能容忍祢衡，而陛下是以尧舜为榜样的，为什么还不能容苏东坡呢？"

"乌台诗案"虽然是由王安石手下的一批人发起的，本身同王安石没有什么关联，因为王安石此时已经罢相，退居金陵。但是他听说苏东坡被捕，李定等人欲置苏东坡于死地的时候，也急忙上疏神宗皇帝说："岂有盛世而杀才士者乎？"

这两个政敌在朝廷争得不可开交，政见不同，学术见解不同，性格也大不相同。北宋的党争存在着多种复杂的因素，但是彼此之间仍然是惺惺相惜，彼此器重的，并没有要置对方于死地的目的。

王安石是神宗皇帝非常器重的人物，虽然已经退隐，但是他的奏章仍然作用很大。

王安石的弟弟王安礼也对神宗皇帝说："自古大度之君不以言罪人，要对苏东坡进行责罚，恐怕后世认为陛下不能容才。"

神宗皇帝接到这些奏章之后大吃一惊，表示自己并没有别的意思，只想招苏东坡进京对质一下，查核是非，并没有要处死他的意思。

当时仁宗皇帝的皇后曹太后正在病中，神宗皇帝是一个比较孝顺的皇帝，他为了让祖母的病情能够好转，准备对天下的罪犯实行大赦。神宗皇帝在探望曹太后的时候，在谈话当中曹太后发现神宗皇帝神不守舍，言语支支吾吾，就问："皇上最近有什么不高兴的事吗？"

神宗皇上无奈，只得把事情向曹太后阐明。指出苏东坡对新法有些异议，写诗讥讽朝廷，因此被下入狱中。其实也想把他宽恕，但是也有些大臣对此持有异议。

听了神宗皇帝的禀告，曹太后忽然严肃起来，急忙插话道："哪个苏东坡？就是苏东坡、苏辙兄弟二人之一吗？"

神宗皇帝很吃惊地问："您怎么知道他们？"

曹太后说："当年仁宗皇帝退朝，曾十分高兴地对我们说：'朕今日得了两个人才，苏家兄弟二人颇有宰相之才。我把他留给后世子孙，也是为国家积累了一笔财富。'"

说到这里，曹太后很伤心地哭了起来，并且对神宗皇帝说："当年仁宗在世的时候就对苏家兄弟二人赞赏有加，他们怎么可能对朝廷不恭呢？"

神宗皇帝赶紧劝慰，为了曹太后的身体康复，必定大赦天下。曹太后说："不需赦免其他天下的凶恶之人，只需放了苏东坡一人就足够了。"

神宗皇帝赶紧答应。

苏东坡此时被关在御史台狱中，以为自己必死无疑。他经常服用青金丹一类的药物，平时便悄悄藏起了一些，以便定了死罪时好服用自尽。

在苏东坡被押解到京城的途中，苏迈就和父亲苏东坡暗暗约定好，每天往牢中送饭的时候除主食以外，只给苏东坡送菜和肉。一旦有什么不测，将要面临死刑的时候，则不送菜和肉，只送鱼，以便让苏东坡在思想上有所准备。转眼苏东坡在京城中已被关押了一个多月，粮食将要吃完，苏迈准备到陈留（今河南省开封市东南）去买粮，就委托一个朋友代为送饭。由于苏迈走得匆忙，忘了向朋友交代与他父亲的约定。

一天，这个朋友偶然得到了几条好鱼，非常高兴，赶紧找厨子烹饪好给苏东坡送了过去。不料苏东坡一看吓了一跳，以为自己被定了死罪了。内心感慨万千，就写了两首诀别诗，托狱卒梁成设法转达给苏辙。狱卒梁成非常倾慕苏东坡的才华，对苏东坡照顾得十分周到，对他的不幸遭遇感到同情。而苏东坡所写的两首诗即《狱中寄子由》二首，其一写道：

> 圣主如天万物春，小臣愚暗自亡身。
>
> 百年未满先偿债，十口无归更累人。
>
> 是处青山可埋骨，他时夜雨独伤神。

与君今世为兄弟，又结来生未了因。[1]

苏东坡跟苏辙兄弟二人感情十分深厚，在兄弟二人刚刚从政的时候，就在《郑州别后马上寄子由》一诗中说："寒灯相对记畴昔，夜雨何时听萧瑟？君知此意不可忘，慎勿苦爱高官职。"在徐州两人分别的时候也约定，一旦功成名遂，即归隐山林，可惜这种愿望一直没有能够实现。现在功名未成，而自己却要面临着告别人世，留给弟弟的只是拖累家人。在这里，苏东坡说：随处都可以埋我的尸骨。可是能够想到，在自己死后弟弟一个人夜晚会独自地伤感。

苏东坡情感难以言尽，又写了第二首：

柏台霜气夜凄凄，风动琅珰月向低。
梦绕云山心似鹿，魂惊汤火命如鸡。
眼中犀角真吾子，身后牛衣愧老妻。
百岁神游定何处，桐乡知葬浙江西。[2]

柏台即指御史台。前四句写出御史台监狱的凄凉和自己心情的激荡。犀角形容其子额骨丰盈。牛衣指乱麻编织的衣服，指未给妻子留下什么遗产。苏东坡非常喜欢浙中的山水，入狱之后又听说当地的百姓为他祈祷，因此他要苏辙把他葬在浙江西。

---

① ［宋］苏轼著，［清］王文诰辑注，孔凡礼点校：《苏轼诗集》第998–999页，中华书局，1982年版。
② ［宋］苏轼著，［清］王文诰辑注，孔凡礼点校：《苏轼诗集》第999页，中华书局，1982年版。

梁成不负重托，把这两首诗转给苏辙。

但梁成也不敢隐瞒，因为苏东坡毕竟是朝廷重犯，社会影响极大，便把这两首诗层层向上呈报上去。

不久神宗皇帝也看到这两首诗，本来神宗皇帝对苏东坡就没有深责之意，更没有要处死他的想法，看了这两首诗之后，尤其是第一首诗写"圣主如天万物春，小臣愚暗自亡身"，没有对皇帝进行报怨和指责，反而是一种自责的态势。神宗皇帝说："苏东坡还是始终心念着朕的，还是对朝廷有一片赤诚之心的。"因此他决定赦免苏东坡。不管李定等人再如何的进献谗言，神宗皇帝一概不听。

苏东坡的案件于十一月三十日结案上奏。

这天晚上打过定更鼓之后，苏东坡正要睡觉，忽然有一个人走进牢门，往地上丢了一个小箱子，枕着便睡。苏东坡以为是新来的犯人，也不在意这个人，自己酣然入睡，鼾声如雷。到了大约四更时分，那个人起来推醒了苏东坡，并且对他说："恭喜，恭喜学士。"苏东坡睡眼惺忪含糊地问："我一个将死之人，有何喜事？"那个人说："你安心睡了便好。"提起箱子匆匆地离开。苏东坡莫名其妙，此人是谁呢？

原来，李定、舒亶、何正臣等人将苏东坡的案卷呈给神宗皇帝后，神宗皇帝决定赦免苏东坡，但是不知道苏东坡的态度如何，因此便秘密派人到监狱当中探望苏东坡，了解他的情况。而宫中的内侍假充犯人来到了监狱当中，他们看到苏东坡毫不介意自己的安危，晚上鼻息如雷，就对苏东坡的情形详细地报告给神宗皇帝。神宗听了之后对左右大臣说：

"朕早就知道苏东坡心中无事，否则不会睡得如此安稳。"

就这样，十二月二十八日做出终审判决，把苏东坡贬为黄州（今湖北省黄冈市）团练副使，不允许离开黄州，也不允许处理公务，实际上是把苏东坡软禁在黄州。至此，李定等人精心策划的、妄图置苏东坡于死地的"乌台诗案"便宣告失败了。

苏东坡在被提审的时候为了不连累他人，假称自己和别人毫无往来，但是他和朝廷内外大臣们互相往来的书信和诗文都已经被抄获。结果因受此案牵连被查处的近百人，大小官员根据情节轻重也都受到不同程度的处分，王诜为驸马都尉，皇亲国戚，与苏东坡往来最为密切，又给苏东坡通风报信，被削除一切官职爵位；苏辙因为替兄长上疏代为受过，贬官筠州；王巩被贬谪宾州。其他受此牵连的还有张方平、李清臣等罚铜三十斤，司马光、范镇、陈襄、李常、孙觉、黄庭坚等罚铜二十斤。

在被囚禁了整整一百三十天后，苏东坡终于从御史台监狱中被释放出来。

此时他对人生的看法已经发生了重大的变化，写了《十二月二十八日蒙恩责授检校水部员外郎黄州团练副使复用前韵》二首。第一首：

百日归期恰及春，余年乐事最关身。

出门便旋风吹面，走马联翩鹊啅人。

却对酒杯疑是梦，试拈诗笔已如神。

此灾何必深追咎，窃禄从来岂有因。①

第二首：

平生文字为吾累，此去声名不厌低。

塞上纵归他日马，城中不斗少年鸡。

休官彭泽贫无酒，隐几维摩病有妻。

堪笑睢阳老从事，为余投檄向江西。②

　　第一首写自己出狱时愉快的心情，第二首则对未来有所设计。"初唐四杰"之一的王勃在沛王府中任职，曾经和诸王子玩斗鸡的游戏，王勃代沛王写了一首《檄英王鸡》的檄文，结果被唐高宗看到这篇檄文，认为是在挑拨王子之间的关系，把王勃赶出了沛王府。而苏东坡用此典说自己此番入狱也就像王勃一样因为文字所累。那么他期望像陶渊明一样能归隐乡野。而"睢阳老从事"指的是苏辙，当时苏辙以著作郎身份签书应天府（今河南省商丘市），担任应天府判官。应天府古称睢阳，江西指筠州（今江西省高安市）。

　　这场牢狱之灾不但没有消磨掉苏东坡的意志，反而将他的诗情激发了出来。

---

　　①［宋］苏轼著，［清］王文诰辑注，孔凡礼点校：《苏轼诗集》第1005–1006页，中华书局，1982年版。

　　②［宋］苏轼著，［清］王文诰辑注，孔凡礼点校：《苏轼诗集》第1006页，中华书局，1982年版。

一蓑烟雨任平生

——东坡在黄州

宋神宗元丰三年（1080）正月初一，汴京城正沉浸在迎新春的欢天喜地气氛当中，而苏东坡却被押往贬所黄州。

回看京城，苏东坡心中无限感慨，自己在朝廷上的日日月月，在地方官上的生涯，自己为国家、为朝廷、为黎民百姓所做的事情此时都已经化作过眼云烟。苏辙被贬，苏东坡不能去看他，捎信叫苏辙赶往陈州相见。在陈州短暂相会之后，苏东坡继续上路，从陆路直奔黄州。陪伴苏东坡的是他的长子苏迈。父子二人一路上风餐露宿，千里跋涉，行走了一个多月才到了黄州地界。

在途经岐亭的山路上，父子二人远远望见一个人，头戴一顶方形高帽，独自一个人慢慢走着。等走到近前一看，苏东坡兴奋地叫了起来，原来是他的老朋友陈慥（字季常），苏东坡在陕西凤翔府时就和陈慥有所交往，即那位索要炼金秘方的陈希亮太守的儿子。当时苏东坡年轻气盛，同陈太守的关系不好，但是跟陈慥却十分投机，结为至交。

陈慥见到苏东坡父子也大吃一惊，问苏东坡："子瞻为何会到这里来？"

他们在一株大树荫下坐了下来，苏东坡把自己的不幸遭遇简要陈述了一番。陈慥听完之后先是低下头沉默不语，接着又仰面哈哈大笑，苏东坡被他笑得浑身不自在，问他为什么笑。陈慥说："世态如此炎凉，连你这样的才子也遭受了陷害。"

苏东坡又问陈慥为什么会来这里，陈慥叙述道，是因为自己的父亲被贬官，他对仕途失去了信心，所以来到黄州隐居。在这穷乡僻壤挚友相逢，也是一件难得的幸事。陈慥在黄州的山里隐居，山里人不知道他的来历，见他总是戴一顶方帽子，像是汉朝人戴的方山冠，所以称他为"方山子"。

苏东坡父子来到陈慥的家中，见只是几间茅屋，四壁空空，并没有什么值钱的东西，可是陈慥的妻子和仆人都悠然自得，令苏东坡不免暗暗称赞。陈慥此人豪情，侠肝义胆，挥金如土，因此他性格的豪爽对苏东坡的影响也比较大。此时虽然陈慥粗布衣衫，但是以前那种强悍的神色依然在眉宇之间流露出来，让人无法想象他竟然成了一个山中的隐士。陈慥也说：以前花园巨宅，富丽堂皇，犹如公侯之家的生活，如今家徒四壁，一无所有，流落荒山之中，没有能够飞黄腾达，可是心情没有变化。因为在从前只想结交一些达官显贵，奴颜婢膝，左右逢迎，难免遭人陷害，而你苏东坡不也是一个很好的例子吗？如今纵行山林之中，自由自在，不再追名逐利，过着与世无争的日子，岂不是人生的一大乐趣？

苏东坡听了陈慥的话不禁点头称是。

黄州是长江边上的一个市镇，坐落在汉口的下游。在家眷到来之前，苏东坡寄居在山中的一座寺院里，和僧侣们一块儿生活。闲来无事，他便到附近游览。黄州附近的山水林泉都留下了苏东坡的足迹。

一直到三月二十九日，家眷才来到了黄州。

苏东坡在黄州的政治处境是比较险恶的。他的正式官衔虽然说是检校水部员外郎充黄州团练副使，但实际上只是一个虚职，他不得处理公务，是被监视在黄州的，算是一个活动范围比较大的囚徒。

在黄州苏东坡的生活越来越艰难。他的经济十分拮据，在给秦观所写的《答秦太虚七首》之四《黄州》中说：

初到黄，廪入既绝，人口不少，私甚忧之。但痛自节俭，日用不得过百五十。每月朔便取四千五百钱，断为三十块，挂屋梁上。平旦用画叉挑取一块，即藏去叉，仍以大竹筒别贮用不尽者，以待宾客，此贾耘老法也。度囊中尚可支一岁有余，至时，别作经画。水到渠成，不须预虑。以此，胸中都无一事。①

这里的"大竹筒"就相当于现在的储钱罐。黄州生活虽然艰苦，但苏东坡节衣缩食，精打细算，倒也应付得了。苏东坡用这种办法来应付难关，保持乐观的心情。

苏东坡到黄州的第三年（1082），一个叫马正卿的书生看到他窘迫的生活状况于心不忍，于是向当地的官府请求，在黄州城东有数十亩营房废地，可不可以交给苏东坡开荒耕种？当地的官员对苏东坡也是比较仰慕，同意了马正卿这个请求。

---

① ［宋］苏轼著，孔凡礼点校：《苏轼文集》第1536页，中华书局，1986年版。

苏东坡在杭州的时候，对唐代大诗人白居易在杭州时期做官时的一些政绩就很倾慕。白居易在被贬到忠州的时候，曾在忠州东面的山坡耕种过。苏东坡非常开心地说："如今我在黄州的东坡耕种，更可能像冥冥中同白居易相和一样。"

苏东坡把全部精力都投入到这块耕地当中。他亲自耕种，种了些粳稻枣粟之类，以此收获来稍济困窘，并且给自己起了一个号叫"东坡居士"。这个号意味着苏东坡思想上的一个重大变化，佛老思想成为他在政治逆境中处世的主要哲学。佛老思想原以清静无为、超然物外为旨归，但在苏东坡身上起到了复杂的作用。一方面他把生死、是非、贵贱、荣辱、得失视作毫无区别的东西，有逃避现实的消极倾向，另一方面又帮助他观察问题趋向通达，在一种旷达态度的背后坚持对人生、对美好事物的执着和追求。

后来，苏东坡又在东坡造了几间屋，称为"雪堂"。从此以后，黄州就有了一个东坡居士，时常往来于临皋亭与雪堂之间。中国文化史上就多了一个东坡居士，时常出现在文人的心头。

苏东坡每天在黄州的东坡耕种，穿着农民一样的短装，整天在那里翻着石头、瓦砾，亲自翻土锄草，虽然汗流浃背，身体非常疲劳，但是内心非常高兴。东坡自己说："我上可陪玉皇大帝，下可陪卑田院乞儿。"能上得去，也能下得来，能居庙堂谋划天下大政，也能在田间躬耕劳作，这正是东坡不同于常人之处。

苏东坡在黄州的身份仍然是一个罪人，所以最初很少给他人写信，即使偶尔有人寄信来，为了不再连累其他人，苏东坡也从不给对方回信。

第二年五月，苏辙从筠州来看他，劝他要注意择友。苏东坡笑着说："我感觉自己可能无可救药了，因为在我眼里上自王公贵族，下至平民百姓，没有一个不是好人，还有什么可选择的呢？"

苏辙则苦口婆心地劝诫："兄长总以君子之心度人，但不要忘了，'害人之心不可有，防人之心不可无'。"苏东坡认为苏辙说得很有道理，表示自己以后要多多注意。

苏辙要回筠州去，苏东坡将弟弟送到黄州城外，一路上却一言不发。苏辙劝苏东坡说话谨慎，不要再次招惹祸端。苏东坡默不作声地点头，一句话也不说。苏辙感到十分奇怪，问："兄长今天是怎么了？为什么一句话也不说？"苏东坡依然一本正经地板着面孔，只是用手指着自己的口，然后伸出舌头又摆了摆手。苏辙一看才明白哥哥是在和自己开玩笑，意思是说："你劝我少说话，免得惹口舌之祸，那我赶紧装哑巴算了。"苏辙笑着说："我只不过劝兄长说话要注意些，谁要你装哑巴了。"说着兄弟二人都哈哈大笑起来。

黄州对于苏东坡的一生影响重大，不但是他政治转折的一个重要地方，而且是他文学艺术创作转折、思想升华的重要地方。苏东坡的文艺思想、哲学思想以及他的人生观在黄州发生了重大的转变。当时北宋的寺院为民众提供洗澡的服务，苏东坡每半个月到黄州的定国寺来洗一次澡。苏东坡经常在沐浴后焚香静坐，思考人生。

一天晚上，苏东坡在东坡同友人饮酒后归来，家人都已经睡着了，敲门都没有人答应。没有办法，苏东坡一个人来到长江边。望着滚滚而逝的长江水，苏东坡心有所感，借着酒兴写了一首《临江仙·夜归临皋》：

> 夜饮东坡醒复醉，归来仿佛三更。家童鼻息已雷鸣。敲门都不应，倚杖听江声。
> 长恨此身非我有，何时忘却营营？夜阑风静縠纹平。小舟从此逝，江海寄余生。[1]

苏东坡这首词把自己的一个生活片段剪辑出来，在江边喝醉之后从东坡上回来，家童已经睡着，敲门没有敲开，没有办法，苏东坡只能一个人来到江边。随着夜风的吹拂，苏东坡的酒已经醒了，想到自己的一生并非归自己所有，而是一直在尘世当中被很多事情牵绊，他想，什么时候能驾一叶扁舟离开这纷扰的尘世？

第二天早上，这首词不胫而走，黄州城到处传说，昨天夜里苏东坡在江边作了一首临江词，一边吟唱，一边舞蹈，把乌纱帽和官服都挂在江边的树上，驾着小船飘然而去。这件事一传十十传百，越传越奇，很快传遍了黄州城。有人说亲眼看见苏东坡驾舟而去，有人说苏东坡乘万道霞光而去，还有人说苏东坡骑鹤而去。黄州太守徐君猷听到这个事情大吃一惊，因为苏东坡属于朝廷的重犯，在黄州居住，自己

---

①邹同庆、王宗堂著：《苏轼词编年校注》第467页，中华书局，2002年版。

有监视的责任，如果在黄州丢失了苏东坡，自己的罪过就大了。于是赶紧亲自到苏东坡家察看。当徐君猷急急忙忙赶到苏东坡当时在临皋的住所，只听见苏东坡鼾声如雷，躺在床上还没有睡醒呢。

这个传说的可信度虽不高，却也体现出东坡在黄州的影响之大。

当代著名学者王水照先生指出：在苏东坡的性格当中存在着狂、旷、谐、适四个方面。苏东坡的"狂"在他的很多诗文当中以及从政的奏章当中有所体现，他人生的"旷"随着生活阅历的增加、人生苦难的加重愈发突出。比如，在黄州时期所写的《定风波》：

> 莫听穿林打叶声，何妨吟啸且徐行。竹杖芒鞋轻胜马，谁怕？一蓑烟雨任平生。
> 料峭春风吹酒醒，微冷，山头斜照却相迎。回首向来萧瑟处，归去，也无风雨也无晴。[1]

词中先写自然界的风雨，既然不能避免，那不妨以平和的心态面对。进而引申到人生中的风雨，能够坦然面对，则不会为其所扰，"归去，也无风雨也无晴"更是一种聪明的做法。该词写得非常豁达，展现出一种在逆境当中寻求自我解脱的心态。这种心态使苏东坡能在后来的困境中保全自己

---

①邹同庆、王宗堂著：《苏轼词编年校注》第356页，中华书局，2002年版。

的生命。

再如，他在这一时期所写的《浣溪沙·山下兰芽短浸溪》一词：

> 游蕲水清泉寺，寺临兰溪，溪水西流。
>
> 山下兰芽短浸溪，松间沙路净无泥，萧萧暮雨子规啼。
>
> 谁道人生无再少？门前流水尚能西，休将白发唱黄鸡。①

苏东坡说，在这春光明媚的时候，杜鹃在暮雨当中啼叫的时候感觉人生是这么的美好。此时被贬到荒凉的黄州，他仍能感觉人生是美好的。谁说人生不能再青春年少呢？你看"门前流水尚能西"。中国的地形是西高东低，河流基本上自西向东流的。苏东坡说，你看兰溪就是从东往西流的，这在中国很少见的。那么人生怎么能说不能再次年少呢？唐代大诗人白居易曾作《醉歌》："谁道使君不解歌，听唱黄鸡与白日。黄鸡催晓丑时鸣，白日催年酉前没。"我们就不要感慨人生岁月使人容易苍老，就像唐代大诗人刘禹锡在《酬乐天扬州初逢席上见赠》中所写的"沉舟侧畔千帆过，病树前头万木春"，写的都是贬谪时期一样的人生感慨：我们同样病树也能发新枝，老夫也能少年狂，我们仍然有能力追求我们美好的生命。

①邹同庆、王宗堂著：《苏轼词编年校注》第358页，中华书局，2002年版。

佛教对苏东坡的一生有重要影响，他常和高僧交往，谈论佛法。此时，苏东坡对佛老的思想吸收是有所选择和保留的，在《答毕仲举书》中云："学佛老者，本期于静而达，静似懒，达似放。学者或未至其所期，而先得其所似，不为无害。"①可以看出他对佛法的深入思考和犹豫彷徨之情。

　　① ［宋］苏轼著，孔凡礼点校：《苏轼文集》第1672页，中华书局，1986年版。

舌尖美味好生活

——东坡与美食

黄州生活虽然艰苦，苏东坡却能够苦中作乐，著名的"东坡肉"就是在这一时期发明的。北宋肉食以羊肉为主，青菜也吃得少。大家认为猪肉比较低贱，有品位的人是不吃的。到了黄州这儿，苏轼一看，羊肉吃不起，猪肉没人吃，于是他就买猪肉来吃。将肉用草绳拎回来，往锅里一放，慢火久炖，炖上一天，打开锅之后香味四溢，顿成美味。那时花椒一类的作料还没传入中国，苏东坡炖猪肉就是单凭火候足炖出了香味儿，也很好吃。黄州老百姓一听猪肉可以这么做，就跟着学，如此传扬开来，称为"东坡肉"。

　　苏东坡自己很得意，写了一首诗叫《猪肉颂》：

> 净洗锅，少著水，柴头罨烟焰不起。
>
> 待他自熟莫催他，火候足时他自美。
>
> 黄州好猪肉，价贱如泥土。
>
> 贵人不肯吃，贫人不解煮。
>
> 早晨起来打两碗，饱得自家君莫管。[1]

---

① ［宋］苏轼著，孔凡礼点校：《苏轼文集》第597页，中华书局，1986年版。

苏东坡说，黄州的猪肉就像泥土一般便宜，但是有钱人家不肯吃，贫寒人家不知道怎么吃。而他发明了炖肉的方法，物美价廉，味道又好，每天早晨起来吃一大碗红烧肉，好去干农活儿。

在困苦的生活中，苏东坡只能通过寻找美食来消遣。他在《初到黄州》一诗中曰："自笑平生为口忙，老来事业转荒唐。长江绕郭知鱼美，好竹连山觉笋香。"[1]充分表达了自己的自我解嘲之情，在仕途坎坷之中，只能苦中作乐，普通的长江鱼和山笋则是自己的安慰。

关于东坡与美食的传说还有很多，苏东坡直接描写饮食的诗文就有近百篇。除了"东坡肉"之外，还有"东坡鱼""东坡羹"等。如果没有猪肉吃，那就吃竹笋、青豆，吃鸭子、螃蟹……东坡往往就地取材，能随遇而安，有什么吃什么，并且还能自创花样，用简单的烹饪方法制作出美味。例如，他在《元修菜》中写道：

> 种之秋雨余，擢秀繁霜中。
>
> 欲花而未萼，一一如青虫。
>
> 是时青裙女，采撷何匆匆。
>
> 蒸之复湘之，香色蔚其蒙。
>
> 点酒下盐豉，缕橙芼姜葱。[2]

① ［宋］苏轼著，［清］王文诰辑注，孔凡礼点校：《苏轼诗集》第1031页，中华书局，1982年版。

② ［宋］苏轼著，［清］王文诰辑注，孔凡礼点校：《苏轼诗集》第1160—1161页，中华书局，1982年版。

诗中写如何把普通的青菜做成美味佳肴，并写出了采摘时的情景，以及用简单的烹饪技术，做出佐酒的佳肴。

苏东坡这一手好厨艺也传给了自己的儿子苏过，他在《过子忽出新意，以山芋作玉糁羹，色香味皆奇绝。天上酥陀则不可知，人间决无此味也》中写苏过做菜的手艺：

> 香似龙涎仍酽白，味如牛乳更全清。
> 莫将南海金齑脍，轻比东坡玉糁羹。①

诗中先用"香似龙涎""酽白""味如牛乳"等词语，把嗅觉、视觉、味觉几种感觉通融在一起，盛赞苏过用普通的山芋烹制的"玉糁羹"色香味俱佳；接下来与当时东南沿海有名的美食"金齑脍"（一种生鱼片）比较，认为"玉糁羹"有过之而无不及。其实这只是普通山芋做的一道普通的菜羹，而东坡却认为是人间至美，天上的美食不知道什么样，反正在人间是最好的。

总之，东坡能够在艰苦的生活中找到生活的乐趣，这是他超出常人之处。

东坡的美食不局限在果腹，他还对美食进行深入的思考。他运用天地之间的灵物和自己的智慧创造出美味。苏东坡的美食讲究"天人合一"，在享受美味的同时，能够感应天地，能够养生。

---

① ［宋］苏轼著，［清］王文诰辑注，孔凡礼点校：《苏轼诗集》第2316-2317页，中华书局，1982年版。

这是苏东坡这时的人生态度，是他人生旷达思想在逆境中的体现。

清代诗人赵翼在《题遗山诗》中云："国家不幸诗家幸，赋到沧桑句便工。"此句诗用以形容历代饱受磨难的诗人似乎都适用，但又包含着几多辛酸与无奈。对于苏东坡来讲亦是如此。苏东坡的思想形成是渐进的，是变化的，而不是生来就有的。这个变化的重要节点之一就是经"乌台诗案"到被贬黄州这一段时期。

大江东去涛如雪

——东坡与赤壁

元丰五年（1082）七月，苏东坡到黄州附近的赤壁游览。

苏东坡感觉很奇怪，因为当时三国时期著名的赤壁之战地点并不在黄州，这里为什么还有赤壁？

当地出生的一个随从对苏东坡解释道："三国时的古赤壁确实不在这里，这里的赤壁是因为山角深入长江，像人的鼻子一样，又因为石头全都是赤色的，所以称为'赤壁矶'，叫的久了，俗称'赤壁'。"

苏东坡听罢，微微一笑："原来如此。权当是三国古赤壁凭吊一番吧。"

长江水汹涌澎湃，冲击到岸边红色的石崖上，冲击出朵朵浪花，面对滚滚而逝的江水，想起历史上著名的赤壁之战，想起指挥战斗的三国英雄人物周瑜。而自己却沦落黄州，白发早生。苏东坡的胸中如长江水一样激动澎湃，难以平息。于是写下了著名的《念奴娇·赤壁怀古》：

大江东去，浪淘尽、千古风流人物。

故垒西边，人道是、三国周郎赤壁。乱石穿

空，惊涛拍岸，卷起千堆雪。江山如画，一
时多少豪杰！

遥想公瑾当年，小乔初嫁了。雄姿英
发，羽扇纶巾，谈笑间、强虏灰飞烟灭。故
国神游，多情应笑我，早生华发。人生如
梦，一尊还酹江月。①

东坡面对滚滚而逝的长江，感慨千古风流人物的一去不
复返，起笔突兀，雄视千古。接着他又用寥寥数笔勾画出
传说中古战场的雄奇景色，读起来如临绝壁，如闻涛声，如
见雪浪。面对壮丽的大好河山，苏东坡发出了"江山如画"
的由衷赞美。正是当年赤壁鏖兵的群英聚会，一时集中了多
少豪杰。特别是其中的周瑜，年少英俊，雄姿勃勃，手挥羽
扇，头戴纶巾，面对强大的敌人，他能够从容不迫，在谈笑
风生中就使上百万的曹军灰飞烟灭。整首词充满了苏东坡的
美妙理想同可悲现实的矛盾，他本来希望像千古风流人物和
三国时多少豪杰那样建立功名，特别是希望像周瑜当年那样
少年得志，功成名就。但是可悲的现实却使自己早生华发，
一事无成，反而贬官黄州，在这山野之中，不禁发出了"人
生如梦"的感慨。全词写景写人，怀古伤今，慷慨激昂，苍
凉悲壮，气势磅礴，最足以代表苏东坡豪放词的特色，被后
人誉为千古绝唱。

抒写政治挫折后的人生感慨是苏东坡黄州时期诗歌的主

---

① 邹同庆、王宗堂著：《苏轼词编年校注》第398页，中华书局，2002年
版。

要内容。如元丰四年（1081）正月二十日，他去岐亭访陈慥，几位黄州新交送他到女王城东禅庄院，他口占一诗《正月二十日，往岐亭，郡人潘、古、郭三人送余于女王城东禅庄院》（一本作《代书寄桃山居士张圣可》）：

> 十日春寒不出门，不知江柳已摇村。
>
> 稍闻决决流冰谷，尽放青青没烧痕。
>
> 数亩荒园留我住，半瓶浊酒待君温。
>
> 去年今日关山路，细雨梅花正断魂。[①]

诗中写不知不觉中春天已到，草木再度焕发生机，带给人以希望。回想起去年此时，还是一番凄凉景象。东坡后来又追和了两首，反映了他出世和入世的矛盾思想，既美化黄州的清贫生活，甚至做了终老的打算，又希望再度入世，摆脱政治逆境，努力有所作为。

这次赤壁游览，苏东坡还写下了脍炙人口的《赤壁赋》。苏东坡深感在政治上的处境极为不利，心情非常苦闷，他力图用老庄顺其自然的处世哲学来解决自己的痛苦。

> 壬戌之秋，七月既望，苏子与客泛舟，
>
> 游于赤壁之下。清风徐来，水波不兴。举酒
>
> 属客，诵明月之诗，歌窈窕之章。少焉，月
>
> 出于东山之上，徘徊于斗牛之间。白露横

---

① ［宋］苏轼著，［清］王文诰辑注，孔凡礼点校：《苏轼诗集》第1077页，中华书局，1982年版。

江，水光接天。纵一苇之所如，凌万顷之茫然。浩浩乎如冯虚御风，而不知其所止；飘飘乎如遗世独立，羽化而登仙。

于是饮酒乐甚，扣舷而歌之。歌曰："桂棹兮兰桨，击空明兮溯流光。渺渺兮予怀，望美人兮天一方。"客有吹洞箫者，倚歌而和之。其声呜呜然，如怨如慕，如泣如诉，余音袅袅，不绝如缕。舞幽壑之潜蛟，泣孤舟之嫠妇。

苏子愀然，正襟危坐，而问客曰："何为其然也？"客曰："月明星稀，乌鹊南飞，此非曹孟德之诗乎？西望夏口，东望武昌，山川相缪，郁乎苍苍，此非孟德之困于周郎者乎？方其破荆州，下江陵，顺流而东也，舳舻千里，旌旗蔽空，酾酒临江，横槊赋诗，固一世之雄也，而今安在哉？况吾与子渔樵于江渚之上，侣鱼虾而友麋鹿，驾一叶之扁舟，举匏樽以相属。寄蜉蝣于天地，渺沧海之一粟。哀吾生之须臾，羡长江之无穷。挟飞仙以遨游，抱明月而长终。知不可乎骤得，托遗响于悲风。"

苏子曰："客亦知夫水与月乎？逝者如斯，而未尝往也；盈虚者如彼，而卒莫消长也。盖将自其变者而观之，则天地曾不能以一瞬；自其不变者而观之，则物与我皆无尽也，而又何羡乎！且夫天地之间，物各有主，苟非吾之所有，虽一毫而莫取。惟江上之清风，与山间之明月，耳得之而为声，目遇之而成色，取之无禁，用之不竭，是造物者之无尽藏也，而吾与子之所共食。"

客喜而笑，洗盏更酌。肴核既尽，杯盘狼籍。相与枕藉乎舟中，不知东方之既白。[①]

文章开篇点出时间是"壬戌之秋，七月既望"，即这年的七月十六日。接下来是文中的主人公"苏子""客"，地点在"赤壁之下"，颇符合现代记叙文所要求的"六要素"：时间、地点、人物、事件等。在壬戌年秋天，七月中，苏东坡与客人夜游黄州赤壁。他描写了其间的清风、水光，清风是舒缓地吹来，既没有夏天的炎热，也没有秋风的肃杀凄凉；江水则平如镜面，波澜不起。在这样的美景下，苏东坡与客人举酒而歌，吟诵曹操的《短歌行》、《诗经》中的《关雎》等篇章。过了一会儿，明月升起于东山之上，似乎在斗宿、牛宿间徘徊。这时景致更美了，令人心旷神怡，心胸舒畅，忍不住放声而歌。

接下来两组对句自由而洒脱："纵一苇之所如，凌万顷之茫然。浩浩乎如冯虚御风，而不知其所止；飘飘乎如遗世独立，羽化而登仙。"乘一叶扁舟，随波漂荡，如同乘风而

---

① ［宋］苏轼著，孔凡礼点校：《苏轼文集》第5—6页，中华书局，1986年版。

行，不需依凭，又像脱离凡尘，升入仙境。水中泛舟之乐原本就在于飘然无所拘束，苏东坡的想象丰富，文字优美，更将天地浩瀚水色茫茫、游人徜徉其中陶醉的情致写得格外传神。

于是相对饮酒，敲打船舷放歌，一位吹洞箫的客人与作者相和。这位客人是道士杨世昌。苏东坡对洞箫的声音描绘用"其声呜呜然，如怨如慕，如泣如诉，余音袅袅，不绝如缕"等句，将箫声缠绵幽怨、不易描述的声音写得具体可感，也让人眼前一亮。

为什么这么难过呢？苏东坡也受到了感染，于是询问客人。

客人回答说"月明星稀，乌鹊南飞"，这不是曹操的诗吗？原来，他从赤壁这一地名和当下的景象，联想到曹操的诗，继而想到当时曹操的战船绵延千里，旌旗能遮蔽长空，在江边洒酒祭奠、横槊吟诗，何等慷慨！像这样的英雄，也早已不在了。何况我和你不过是在江边捕鱼打柴，和鱼虾、麋鹿为伴，驾小舟出游，举杯劝酒。"寄蜉蝣于天地，渺沧海之一粟。"如蜉蝣寄生在天地中，如一粒谷子漂浮在大海中。哀叹我的生命短如一瞬，长江却无穷无尽。想和仙人一起四处游览，和明月一起在这世间长存，但却知道这些都是不可能的，所以只能让风带着箫声余韵就此飘散。

此处的"客"其实就是苏东坡自己，主客问答是赋的常用手法。此时苏东坡初次被贬，难免觉得痛苦消极，客人所说正表达了他的这种思想。但东坡之所以为东坡，便在于他明知世事如此，人生短暂，却能以大道同一的眼光来看待，排解忧虑，消除愁闷。全文的精华，还在于下一段。

苏东坡说：你看那水和月亮。水日夜奔流，却没有真的流走；月亮盈缺不定，但实际上并无增减。从它们变化的角度来看，天地间所有事物每个瞬间都在变化，但如果从不变的角度来看，万物包括我们就都是永存的，你又有什么好羡慕的呢？再说，天地之间的万物都有它自己的主人，不是我的，一丝一毫都与我无关。只有这江上的清风和山间的明月，耳朵听到那声音，眼睛看到那颜色。可以随意占有它们，使用它们，这是大自然无穷无尽的宝藏，你我能够同享。

苏东坡用江水、明月作喻，强调了看待事物的角度不同，则得到的结论完全不同。人生虽然无常虽然短暂，但保持豁达乐观、随缘自适的心态，便能获得生活中俯仰可拾的"乐"。身处万物之中，心与无限江山共存，则自然超脱了生死与得失。好风佳月，无穷无尽，流连其间，自得其乐。

于是客人也被主人说服了，最终心胸舒畅，痛饮大醉，累了就倒在舟中睡着了，"不知东方之既白"。

这篇文章是典型的文赋，骈散结合，兼具韵文的音韵之美和散文的参差有致。作者情感充沛，笔势如泉涌，洋洋洒洒，读来珠玑滚落，优美动人。苏东坡巧用比喻，写箫声，则将事物描写得形象生动；写畅游，则景象如在眼前。生发议论，用水、月作比，则明白透彻。豁达洒脱的情致，又令读者不觉会心一笑，的确是一篇情理交融的好文章。

同年十月十五日，苏东坡同客人从黄州城东的东坡返回城南的临皋亭，经过黄牛坡，此时月白风清，人影散地。

朋友提议："我们何不带些酒食重游赤壁？才不负这良宵美景。"

苏东坡也很想再次重游赤壁，因此他们带着酒食乘着船再次来到赤壁下。

初冬的赤壁比起三个月前的赤壁来又是一番景色。已经由雄壮的"乱石穿空，惊涛拍岸，卷起千堆雪"变成清丽的"江流有声，断岸千尺，山高月小，水落石出"。苏东坡见此情景不禁感慨，没想到刚过了三个月，江山几乎变得都已经不认识了。

苏东坡同客人撩起衣服爬山，登上山崖，拨开丛生的杂草，蹲在壮如虎豹的大石上，站在盘曲如虬龙的古墓之巅，攀登虎鸟巢居的岩洞，虎视水神河伯之幽宫。长啸一声，草木振动，山林鼓应，风起云涌。苏东坡"悄然而悲，肃然而恐"，不敢久留，下得山来，登上了小船，任小船在江中自由漂荡。突然看到一只翅膀像车轮、羽毛雪白、尾巴漆黑的鹤鸟横江飞过而来，跃过小舟，长鸣一声向西飞去。苏东坡又写了《后赤壁赋》记叙了这次夜游赤壁的经过。这篇赋给人一种清冷的感觉，表达了他贬官黄州期间孤寂悲凉的心情。

这篇文章开篇同《前赤壁赋》一样，交代时间，是十月十五日了。作者从雪堂回来，将要回到临皋。这次同样不是一个人，还有"二客"跟随。《前赤壁赋》描写的是秋景，而这篇文章则写的初冬景象。天气转凉，霜露都已经降下，树叶也都脱落干净了。本来是一片肃杀的气象，但是作者通过人物的活动，增添了文章的生气。看见人影散落地上，而天空同样是明月皎然。所以自己与客人互相歌吟唱和，反而增添了很多乐趣。

苏东坡感叹道，这样美好的月色，又有这样的知己，却没有酒菜来助兴，辜负了大好美景。客人说，恰巧今天傍晚时捕得一条鱼，形状有些像松江鲈鱼。可惜没有酒啊。苏东坡回到家中，家人告诉他，一直为他藏了一斗酒，以备他想喝时可以满足。酒、鱼、客都具备了，自然不会辜负美景了，可以想见当时苏东坡内心的欢愉之情。

于是携酒与鱼，复游于赤壁之下。江流有声，断岸千尺，山高月小，水落石出。曾日月之几何，而江山不可复识矣。予乃摄衣而上，履巉岩，披蒙茸，踞虎豹，登虬龙，攀栖鹘之危巢，俯冯夷之幽宫。盖二客不能从焉。划然长啸，草木震动，山鸣谷应，风起水涌。予亦悄然而悲，肃然而恐，凛乎其不可留也。反而登舟，放乎中流，听其所止而休焉。时夜将半，四顾寂寥。适有孤鹤，横江东来。翅如车轮，玄裳缟衣，戛然长鸣，掠予舟而西也。

须臾客去，予亦就睡。梦一道士，羽衣蹁跹，过临皋之下，揖予而言曰："赤壁之游乐乎？"问其姓名，俯而不答。呜呼噫嘻，我知之矣。畴昔之夜，飞鸣而过我者，非子也邪？道士顾笑，予亦惊悟。开户视之，不见其处。①

苏东坡和客人带着酒和鱼再次来到赤壁之下。三个月前的地点，因季节不同，景物也有所变化。"江流有声，断岸千尺，山高月小，水落石出。"十六个字，将赤壁冬景呈现出来。苏东坡感慨，短短的几个月时间，几乎都不认识这方景物了。此时内心涌起了探险的冲动，于是撩起衣裳，登上险峻的山岩，拨开茂密纷繁的野草，开始向上攀爬。苏东坡把岩石、古木形容为"虎豹""虬龙"等，突出地势的险峻与行程的艰辛。两个客人逐渐跟不上他的步伐了。苏东坡嘬唇长啸，声震林樾，山谷共鸣，流水激荡。于是苏东坡也感觉到了悲凉和恐惧，赶紧返回了舟中，这番探险也就结束了。

本以为一番夜游就此结束时，一只"孤鹤"飞过小船，"翅如车轮，玄裳缟衣，戛然长鸣"，给寂静的夜晚增添了动态和声音，使苏东坡等人更觉夜景充盈。

苏东坡夜晚竟然做了一个梦，梦到一个道士，对他说："你的赤壁之游怎么样啊？高兴吗？"

问道士的姓名，道士却笑而不答。苏东坡说："我知道了，你就是那只孤鹤，曾经飞过我的小船，对吗？"

道士笑了，苏东坡也醒了。打开门，却不见任何踪影。

与《前赤壁赋》相比，这篇《后赤壁赋》景物描写不多，却是东坡精神上的一脉相承。结尾通过虚构梦境，抒发

---

① [宋] 苏轼著，孔凡礼点校：《苏轼文集》第8页，中华书局，1986年版。

内心的旷达之情。苏东坡曾有《西江月》词云："休言万事转头空，未转头时皆梦。"孤鹤幻化的道士，是苏东坡追求内心清空的一种具象表现。前后两篇《赤壁赋》交相辉映，构成了赤壁的绝美画面与人生的超达意向。

黄州四年是苏东坡文学创作的又一高峰，散文方面前一时期主要写政论、史论、杂文等议论文字，这个时期则着重发展文学散文和带有文学性的散文。如前所举两篇《赤壁赋》，在我国文学、艺术史上有着深远的影响，为以后的戏曲、绘画、雕塑等提供了创作题材。

再如《记承天寺夜游》这篇小文：

> 元丰六年十月十二日，夜，解衣欲睡，月色入户，欣然起行。念无与为乐者，遂至承天寺，寻张怀民。怀民亦未寝，相与步于中庭。
>
> 庭下如积水空明，水中藻荇交横，盖竹柏影也。
>
> 何夜无月，何处无竹柏，但少闲人如吾两人者耳。
>
> 黄州团练副使苏某书。[1]

承天寺，故址在今湖北省黄冈市南。这篇文章虽然短小，但是游记的几要素俱全，时间、地点、人物、缘起、经

---

① ［宋］苏轼著，孔凡礼点校：《苏轼文集》第2260页，中华书局，1986年版。

历、景色等都交代得非常清楚。时间是元丰六年（1083）十月十二日夜晚，地点是承天寺，人物是苏东坡和张怀民。游览的缘起是苏东坡在当夜已经脱掉衣服准备睡觉了，但是月光如水照进屋中，突然睡意全无，准备乘着月色游览一番。但是想到没有可与自己一起赏月的人，就到承天寺寻找张怀民。正巧张怀民也没有睡，二人便在庭院中散步。被月光照着的庭院像积满了清水一样澄澈透明，而且水中还有水藻、荇菜交错纵横，原来是竹子和柏树的影子。

文章写到这里，也仅仅是一篇普通的小游记而已，并未见出特别出彩的地方。

但是苏东坡接着写道，哪一个夜晚没有月光？哪个地方没有竹子和柏树呢？只是缺少像我们两个这样清闲的人而已。当时苏东坡被贬到黄州担任团练副使，已经没有什么工作了，说"闲人"并不为过。更主要的是，身"闲"易实现，心"闲"最难得。在普通的夜晚，有两个真正能够心"闲"的人，才能衬托出这宁静的夜的美好。结尾两句是全文的升华，是苏东坡个人主体精神在文章中的融注。苏东坡剪取了生活中的一个小片段，通过随意自然的笔触，将一种闲情融入日常场景中。语言虽少，意境深远。

宋神宗一直很欣赏苏东坡的才华，在被贬官黄州期间，神宗皇帝多次准备起用苏东坡。有一天早朝，他对宰相王珪等说："修国史的任务很重大，可不可以让苏东坡来完成？"王珪则面有难色，认为苏东坡还是个罪臣，让他修国史恐遭非议。神宗无奈，只能让曾巩去修国史。

元丰七年（1084），神宗终于忍耐不住，决定改变苏东坡的处境。四月，苏东坡被改授为汝州（今河南省汝州市）团练副使，本州安置。汝州离京城比较近，证明苏东坡的政治状况已经有所好转。

苏东坡在黄州一住就是五年，连孩子都学会了黄州话，他与当地的父老处得也不错，他们都劝他常住黄州。苏东坡亲手经营的东坡已经粗具规模，现在要离开了，内心也有些恋恋不舍。

寒食黄州凄凉景

——东坡与书法

黄州艰苦的生活对于东坡是一种磨炼，他开始学会适应这种境况，心境变得逐渐平和、超然。但偶尔也会有一种失落涌上心头，充满了愤懑、委屈。作为青年才俊，当年名满京城，文名天下传播，从地方到朝廷、再到地方，多次担任重要官职，政绩突出，万民爱戴。东坡本想大展宏图，来实现青年时期就立下的济世宏愿，实现政治理想，却没想到受奸臣小人陷害，几乎丢掉了性命。如今被贬到黄州这样的荒凉之地，恐怕终老此生了。想到这些，一阵阵酸楚涌上心头。

　　到达黄州的第三年，春天连月大雨，凄冷无比。屋前的海棠花被雨水无情地拍打，零散飘落在泥水之中，更显得情景悲惨。一天早晨，大雨如注，犹如长江水都倾倒下来一样。东坡栖身的茅草屋就像惊涛骇浪中的一叶孤舟，随时有被掀翻的危险。东坡的身体状况已经大不如前，因为天气潮湿，手肘生疮，痔疮也复发了，痛苦不已。他早起做饭，锅内只能煮些野菜。柴草都被雨水打湿了，点不着火，屋里满是浓烟，呛得人涕泪直流。

　　东坡仰天长叹。

屋外，几只乌鸦呱呱地叫着，衔着几枚纸钱飞过。东坡这才记起，今天是寒食节，本就不可以生火的。凄凉的景象配上凄凉的心境，东坡按捺不住，写下了《寒食雨》二首，其一：

> 自我来黄州，已过三寒食。
>
> 年年欲惜春，春去不容惜。
>
> 今年又苦雨，两月秋萧瑟。
>
> 卧闻海棠花，泥污燕脂雪。
>
> 暗中偷负去，夜半真有力。
>
> 何殊病少年，病起头已白。[①]

其二：

> 春江欲入户，雨势来不已。
>
> 小屋如渔舟，濛濛水云里。
>
> 空庖煮寒菜，破灶烧湿苇。
>
> 那知是寒食，但见乌衔纸。
>
> 君门深九重，坟墓在万里。
>
> 也拟哭途穷，死灰吹不起。[②]

在黄州时期，苏东坡的书法取得了突飞猛进的进步。心

---

① ［宋］苏轼著，［清］王文诰辑注，孔凡礼点校：《苏轼诗集》第1112页，中华书局，1982年版。

② ［宋］苏轼著，［清］王文诰辑注，孔凡礼点校：《苏轼诗集》第1113页，中华书局，1982年版。

境的不同，使他对艺术创作的感悟也更深。他写下了著名的《寒食雨》二首以及《黄州寒食帖》，成为我国书法艺术史上的精品。

苏东坡的《黄州寒食诗》是其诗歌代表作，而其《黄州寒食帖》（现藏台北故宫博物院）被誉为"天下第三行书"，是苏东坡书法艺术成就的最高代表。该帖书与诗互相配合，二者相得益彰，珠联璧合，焕发出了无穷的艺术魅力，达到了内容与形式的高度统一，是一件融合文学、书法等多种艺术元素的珍品。

《寒食雨》二首即苏东坡在黄州时期生活的真实反映。第一首诗写自己被贬黄州以来，转眼过了三年。面对春雨连绵，海棠花都被摧残，内心无限伤感。这里借海棠花被吹落暗示自己身世的凄苦。身体多病尚且是外在的痛楚，内心的凄凉则是无法排遣的忧伤。

第二首写在凄风苦雨中度过寒食节。生活上的困顿、肉体上的病痛都抵不过内心的无助与失望。"君门深九重，坟墓在万里"，欲重回朝廷已经是奢望，想回故乡吊祭祖先也是不可能，多重的打击使诗人迷茫、无助。结句借阮籍"穷途而哭"的典故，表达自己不作死灰复燃之望，以免再受迫害。清人汪师韩《苏诗选评笺释》卷三评曰："二诗后作尤精绝。结四句固是长歌之悲，起四句乃先极荒凉之境，移村落小景以作官居，情况大可想矣。"清人贺裳《载酒园诗话》也云："黄州诗尤多不羁，'小屋如渔舟，濛濛水云里'一篇，最为沉痛。"可见这两首诗是苏东坡真正有感于心后，不得不将其行诸文字，正如他自己所说的"好诗冲口谁能择"（《重寄》）？情之所至，已不需过多地构思和酝酿。所以通篇读来，流畅自然，毫无滞涩之感，真正达到了"大略如行云流水，初无定质，但常行于所当行，常止于所不可不止"（《与谢民师推官书》）的境界。

这两首诗是东坡诗学思想的集中体现，是其真实性情的自然表达，再加之与书法配合，使情感抒发更显充沛。该帖一气呵成，并没有经过仔细的酝酿和布局，全任感情的自由流淌，这可以从作品中增、删的三个字看出。

从一开始，苏东坡尚能控制自己的情绪，所以字尚工整。至"年年欲惜春"的第一个"年"字，情绪出现了第一次激动，用了悬针竖，感情喷涌了一下。但接下来苏东坡又控制住了情绪，字又趋工整。至"萧瑟"以下，情绪已渐趋激动，字体变大，用墨较浓，但他似乎还在努力控制。从第二首开始，苏东坡的感情已奔涌而出，如流水泻地，自由流淌，所以字体变大，用墨更浓。至"破灶"二字，突然用了两个大字、浓墨，给人以触目惊心的感觉。这时苏东坡已不加以控制，内心情感喷薄而出，至"纸"字，用了长长的悬针竖，情绪激荡，已非常明显。至"哭途穷"三个字，已经完全是情绪激昂、不可遏制了。全篇一气呵成，气势连贯，自首字至末字，毫无滞涩之感。通篇读来，能够真切地感受到苏东坡的情绪波动，内心的波澜起伏。

黄庭坚的《跋东坡书〈寒食诗〉》则与东坡此帖形成双璧：

东坡此诗似李太白，犹恐太白有未到

处。此书兼颜鲁公、杨少师、李西台笔意，诚使东坡复为之，未必及此。他日东坡或见此书，应笑我于无佛处称尊也。①

山谷将东坡《寒食诗》比作李白诗，并且说太白恐怕还有"未到处"，则是将东坡诗中那种展示本体真性情同李诗任性抒怀对照，认为二者是相同的。文学与艺术作品必然蕴含着创作主体的精神气质，虽表现载体不同，但内涵是一致的，都是主体性格特点、学识修养、审美观点、社会经历等的显现。黄庭坚认为，文学与艺术是相通的，尤其是同一人既为书法家又是诗人，那么他在书法与诗歌中展现的面貌必有相同或相似之处。而东坡此帖乃是一时天真发溢而成精品，"诚使东坡复为之，未必及此"，艺术灵感稍纵即逝，东坡"书"也像太白诗一样，靠自由挥洒之真性情而写成。

苏东坡与黄庭坚是亦师亦友的关系，二人在书法、诗歌、散文方面影响都非常大。宋人曾敏行《独醒杂志》卷三中记载了这样一则故事：

东坡曰："鲁直近字虽清劲，而笔势有时太瘦，几如树梢挂蛇。"山谷曰："公之字固不敢轻论，然间觉褊浅，亦甚似石压蛤蟆。"二公大笑，以为深中其病。②

① 虞山毛氏汲古阁《津逮秘书》本《山谷题跋》卷八。
② 《文渊阁四库全书》子部第1039册第539页。

有一次，两人在讨论书法的时候，黄庭坚把自己的字给苏东坡看，苏东坡说："你的字笔势有时太瘦，犹如树梢挂蛇。"黄庭坚说："先生的字我不敢随便评论，但有的地方觉得写得太扁，就像石压蛤蟆。"说完两个人都大笑起来，都认为对方一语中的，切中要害。

但是两个人谁也不改。

这幅《黄州寒食帖》被很多人目为东坡"石压蛤蟆"的代表作。

黄庭坚推崇苏东坡书法自然天成，任性而为，还进一步直接将东坡书比作李白诗，如在《跋东坡书》中评价道：

> 东坡书如华岳三峰，卓立参昂，虽造物之炉锤，不自知其妙也。中年书圆劲而有韵，大似徐会稽；晚年沈著痛快，乃似李北海。此公盖天资解书，比之诗人，是李白之流。[①]

此处说得更清楚，书家东坡是"天资解书"，所以将其比作诗人李白，缘自二人都是自然天成，不事雕琢。而这里将"书"与"诗"对照，两种不同的文艺部类，在展现创作主体精神时是互通的，都是主体内在精神意蕴的外在显现。黄庭坚认为苏书中那种豪放飘逸的内在气质同李诗中的气质相似，都是二人情感世界的外在映照，这样就在精神层面上沟通了诗与书，找到了二者内在的契合之处。

① 虞山毛氏汲古阁《津逮秘书》本《山谷题跋》卷五。

苏东坡曾在《自评文》中评价自己的文曰：

> 吾文如万斛泉源，不择地皆可出。在平地滔滔汩汩，虽一日千里无难。及其与山石曲折，随物赋形，而不可知也。所可知者，常行于所当行，常止于不可不止，如是而已矣。其他虽吾亦不能知也。[①]

其实这段话用来评价该帖是非常恰当的。苏东坡该帖如行云流水，"常行于所当行，常止于不可不止"，是他个人情感的自然表达。

---

① ［宋］苏轼著，孔凡礼点校：《苏轼文集》第2069页，中华书局，1986年版。

识得庐山真面目

——东坡与庐山

元丰七年（1084）四月，苏东坡离别黄州，先到筠州去看望弟弟苏辙，同时顺路送长子苏迈赴任饶州德兴县（今属江西省）县尉，不走陆路，从水路乘船出发。东坡在黄州的好友陈慥、沈辽依依不舍，一路相送到江西。在九江，苏东坡等人一同游览了著名的庐山。庐山风景优美，山谷奇秀，令人流连忘返。

　　沈辽向苏东坡建议："你这样的大文豪来此美景胜地，如不赋诗留念，当为憾事。"苏东坡说："你哪知庐山风景秀丽，我早已被陶醉其中。任何文字都难以描绘出如此的美景，所以连半首诗都写不出来。"

　　但是山中的和尚一听闻名天下的苏东坡来了，争相传颂，庐山各个寺院的和尚都争相请苏东坡题诗留字。苏东坡平常与和尚、道士交往甚密，如此一来，不得不为他们提笔作诗。笔提起来，诗词自然如泉涌，一发而不可收。苏东坡先后写了《初入庐山三首》，后来在庐山当中又盘桓了十数日，写了《庐山二胜》《李氏山房》《三峡桥诗》。又应西林寺和尚之邀写下了著名的《题西林壁》一诗：

横看成岭侧成峰，远近高低总不同。

不识庐山真面目，只缘身在此山中。①

　　该诗貌似只写庐山风景，实则寓哲理于其中，指出事物是复杂、多面的，就如同观庐山美景一样，横看和侧看、远看和近看、高处看和低处看都有不同的景别，身在庐山往往只见树木，不见森林，看不到庐山的全貌。这首诗通过对庐山美景的赞赏艺术性地揭示出生活的哲理：当局者迷，旁观者清。只有超然事外，才能真正看清楚事情本质。

　　庐山旁边圆通寺当中有一个和尚叫可遵，他也经常会写几首歪诗四处炫耀，自以为是。苏东坡的诗名他早就有所耳闻，这次苏东坡来到庐山，可遵急忙把自己以前写的诗翻出来，又煞费苦心地加工修改了一番，想请苏东坡来到寺院给看一下，如果能够得到苏东坡的表扬，就能够扬名于天下了。

　　某一天，苏东坡被寺中和尚拉了过来，可遵找了个机会把自己的诗稿递给苏东坡看。苏东坡愿意同和尚、道士交往，朋友也很多，但一看可遵所写的诗都是一些庸俗的、近乎顺口溜似的歪诗，不喜欢往下看。但和可遵并不认识，不好说好，也不好说不好，只能敷衍地夸奖了几句。可遵不明就里，以为自己的诗得到了苏东坡的夸奖，自以为很了不起，马上提起笔来把这首诗写在寺院的墙壁上。

　　其他的和尚也有喜欢写一些歪诗、俗诗的，听到可遵

　　①［宋］苏轼著，［清］王文诰辑注，孔凡礼点校：《苏轼诗集》第1219页，中华书局，1982年版。

的俗诗得到了苏东坡的称赞，都一窝蜂地跟在苏东坡后面，找机会让苏东坡给自己题首诗或者画幅画，觉得自己会身价倍增。

苏东坡又被拉到了圆通寺，可遵又事先在这里等候苏东坡。原来前一天夜里可遵熬了大半夜，又写出了十几首歪诗准备再给苏东坡看一看，希望能够再次得到表扬。看到苏东坡到来，可遵便不顾及礼节，夸奖自己的诗写得如何好，诗兴如何大发，把自己的诗拿给苏东坡看。苏东坡见这个和尚十分庸俗，便不理睬他，和沈辽等继续向前走去。谁知可遵和尚毫不知趣，又跟了上来。

在游览的路上苏东坡写了《三峡桥诗》一首，人们争相传诵，可遵却追了上来，说自己刚才想了一首绝句，想题在苏东坡的《三峡桥诗》后面，不管苏东坡愿不愿意听，他便摇头晃脑大声吟诵起来："君能识我汤泉句，我却爱君三峡诗。道得可嗤不可漱，几多诗将竖降旗。"

苏东坡一听此诗写得庸俗，并且无礼，夸下海口，后悔昨天为什么要违心地夸奖他，十分生气对可遵和尚说："可遵真不可尊。"

说罢，苏东坡转身拂衣而去。旁边的和尚们无不拍手称快，可遵恼羞成怒，竟然蹦跳着声嘶力竭吼道："你护短，见我诗写得如此好，比不过我，吓跑了。"

可遵跑回圆通寺，准备把刚才自己朗诵的那首歪诗题在墙上。寺里几个和尚正在凿石准备刻写苏东坡的诗。见可遵又要题诗，便把他臭骂了一顿，驱赶走了。

这是苏东坡游庐山的一个小插曲。

五月，苏东坡到达筠州与苏辙相会，兄弟二人再次相聚，十分高兴，在一起欢聚了十几天才分别，苏辙将哥哥送到了瑞昌。传说路过亭子山时苏东坡在岩石上题字，不慎将墨汁滴到了竹叶上，所以至今满山的竹叶上都有墨痕，人称墨竹。

六月，苏东坡与苏迈到了鄱阳湖口（今江西省湖口）的石钟山，对于石钟山名字的由来苏东坡非常感兴趣。他冒着危险与苏迈驾着小船到绝壁下进行考察，回来后写了那篇著名的富于哲理性的游记《石钟山记》，详细记述了考察"石钟山"名称的由来：

> 徐而察之，则山下皆石穴罅，不知其浅深，微波入焉，涵淡澎湃而为此也。舟回至两山间，将入港口，有大石当中流，可坐百人，空中而多窍，与风水相吞吐，有窾坎镗鞳之声，与向之噌吰者相应，如乐作焉。因笑谓迈曰："汝识之乎？噌吰者，周景王之无射也；窾坎镗鞳者，魏庄子之歌钟也。古之人不余欺也！"[①]

东坡认为"石钟山"名字的由来不是因为山形像钟，而是因为山石里面多空隙，能发出钟鸣之声。苏东坡通过自己的亲身实践得出结论："事不目见耳闻，而臆断其有无"是

---

① ［宋］苏轼著，孔凡礼点校：《苏轼文集》第370–371页，中华书局，1986年版。

不能取得正确认识的。

七月，苏东坡到达金陵（今江苏省南京市）。王安石自熙宁九年罢相后一直闲居在金陵，此时已整整过去八年。王安石同苏东坡当年在朝廷政见不和，彼此之间无论是文学主张还是政治见解、学术见解都有很多抵牾之处，但两人又惺惺相惜。

王安石听说苏东坡来到金陵，就穿着家常的衣服，骑着小毛驴来到了江边拜访苏东坡。苏东坡也同样穿着普通的家常衣服，并且开玩笑地对王安石说："我今天是穿着野服面见丞相大人的。"王安石也笑着说："礼仪难道是为我们这些人所设的吗？"这同魏晋时期"竹林七贤"的一些做法有些相近之处。两人见面非常随便，并且相约同游蒋山，在一起谈诗说赋，相互唱和，度过了愉快的时光。两个曾经水火不容的政敌此时握手言和。王安石对于苏东坡的诗歌、文学艺术成就给予了高度的评价。苏东坡在《同王胜之游蒋山》一诗中曾有"峰多巧障日，江远欲浮天"的诗句。王安石听后，拍桌赞叹道："老夫平生所做的诗中，没有任何句子能比上这两句的。"

苏东坡同王安石告别之后继续前行，年底到达泗州（今江苏省盱眙县东北，故城已于康熙年间没入洪泽湖中）。他原本不愿意去汝州，此时又因路途上所用物品匮乏，不愿再继续向前走，于是向神宗皇帝上表，请求留在常州。圣旨下来，同意苏东坡留在常州，此时他已经到了南郡（今河南省商丘市），马上掉转船头，返回了常州。

苏东坡在常州宜兴购置房产，准备在此终老一生。后来苏东坡的后世子孙仍然在此居住，一直将近百年之后还有因房产引起的诉讼。

位高权重伴君王

——东坡在庙堂

元丰八年（1085）三月，神宗皇帝病逝。宋神宗是一位励精图治的皇帝，为了改变宋朝积贫积弱的局面，他对内支持王安石变法，对外加强对西夏的防御。苏东坡在朝为官时同神宗的某些意见并不相符，在神宗在位的十八年中，苏东坡只有三年时间在朝为官，其余时间都在地方官任上或者在贬所。但苏东坡对神宗皇帝励精图治的精神还是一直持肯定态度的。

神宗一死，朝廷的政局发生了巨大的变化。继位的哲宗年仅十岁，不能亲理朝政。当时在神宗病重的时候，就应群臣的要求，由神宗的母亲高太后垂帘听政。神宗去世之后，高太后一直主持朝政。高太后对王安石变法是持反对态度的。在她掌权之后，立即起用司马光为宰相，并且起用那些因反对变法而被贬谪的人，苏东坡也在其中。

苏东坡此时虽然身在常州，但是他对朝廷上的政治变化也一直非常关注。司马光大量起用那些被变法派排挤的人，苏东坡因才学闻名于世，曾因讽刺新法而被关进监狱当中，又被贬谪，所以自然在起用的人士当中，很多朋友也都传言苏东坡将会被重用。

果然，这年六月下旬，苏东坡便接到朝廷的任命，以朝奉郎身份担任登州（即今山东省蓬莱市）知州。

　　苏东坡是在十月十五日抵达登州的。登州百姓听说苏东坡要来当地任知州，早已欢欣鼓舞，夹道迎接这位知名的官员和文化名人。

　　苏东坡到登州就任仅五天，自己的政治理想还未来得及实现，就接到了朝廷任命，被调往汴京，拟任礼部郎中，掌管礼仪、祭祀、贡举等事。不到十天又重新改为起居舍人。起居舍人与礼部郎中虽然官职都不是很高，位从六品，但是其重要性却不可同日而语。起居舍人负责皇帝起居注的责任，记录着皇帝日常生活的言行，可谓皇帝身边的亲信和红人，如果不是亲信知己的话，是很难担任这样的官职的。并且从起居舍人任上被重用，似乎是顺理成章的事情。

　　对于这样直线上升的提拔，苏东坡感到欣喜的同时又有些惴惴不安。夫人王闰之十分不解，见苏东坡随着官职的升迁反而是满面愁容，就关切地询问是何原因："原来不是总期望能够名垂朝野吗？如今官运亨通，为什么会郁郁不乐呢？"苏东坡长叹道："夫人哪里知道，伴君如伴虎，如果一不小心说些不太合时宜的话，很可能就会招来意外之祸。"

　　苏东坡的这种担心不是没有道理的，他曾经上疏辞职，结果职务不但没有辞掉，不久之后又被连升了几级，提升为中书舍人、翰林学士、知制诰兼侍读，担任哲宗皇帝的老师。起居舍人只是一个从六品官，而中书舍人官居四品，列入朝廷大员当中，而且担任帝师几乎是将来飞黄腾达的起点。而元祐元年（1086）九月，苏东坡担任翰林学士知制诰已经升任正三品官职，负责任命有关将相大臣，册立皇后、太子等的文书的撰写，以及国家与外交方面的国书方面的起草。这个职务不但位高，而且权重。苏东坡曾连续上疏请辞，但是都没有获得皇帝和高太后的许可。

苏东坡由此步入了自己政治上最辉煌的一段时期，是他政治生涯中官职最高、职位最重的时期。苏东坡经常工作到深夜，殚精竭虑，尽心尽力地辅佐皇上和皇太后。他的政治理想似乎是离实现很近了。

王安石的变法此时已经基本被废除，本来司马光就强烈反对这场变法，因此一上台之后就尽废新法，要求一切都恢复以前的制度。苏东坡在变法时期虽然遭受到变法派的排挤，甚至诬陷和打击，但是对司马光等人的所作所为也并不是完全赞同。他认为新法推行已经有好长一段时间，对于国家和人民确实有一些有利的地方，不应该一概都废除，这也显示出苏东坡政治态度的摇摆。

司马光对苏东坡的意见不以为然，两人经常在朝廷上发生争论，甚至争得面红耳赤。有时候司马光气得脸都变了颜色，他很奇怪地问苏东坡："你何以固执到如此地步？"苏东坡也毫不让步，质问司马光："难道你做了宰相就不允许我说话吗？"两人各持己见，谁也说服不了谁。

有次下朝之后，苏东坡仍然愤愤不平，一边脱朝服一边连声大骂司马光"司马牛，司马牛"。司马牛是孔子的弟子，《史记·仲尼弟子列传》中记载："司马耕字子牛，牛多言而躁，问仁于孔子。"司马牛性格耿直，脾气暴躁，苏东坡以司马牛比司马光，批评他的固执，表达自己的不满。

当时苏东坡名满天下，加上短时间内的连续升迁，因此名噪一时，天下都以为苏东坡将会获得更高的重用。司马光本来以为自己与苏东坡都曾经被变法派排斥，两人会联起手来管理朝政，没想到苏东坡却和自己唱对台戏。许多人传言苏东坡不久就要当宰相，司马光极力反对这件事情，他向高太后进言道："苏东坡作为翰林学士，对他已经足够了，不可以再提拔了。虽然诗文写得比较好，但是前朝比较贤明的宰相如赵朴、韩琦等都不是以文学著称的。不一定文学上有出色的成就，在政治上也能有出色的才能。"见高太后没有表态，司马光又接着指出："王安石任翰林学士时也是十分称职的，但是一当了宰相就给朝廷惹出很多事来，看来王安石只适合当翰林学士，而不适合当宰相。现在苏东坡也是这样，如果要以苏东坡为宰相的话，王安石就是前车之鉴。"

看来司马光把苏东坡看作第二个王安石了。

正在苏东坡在朝廷上担任重要职务之时，苏辙也在元丰八年（1085）年底以秘书省校书郎的身份被招入汴京，担任谏官的职务。和苏东坡一样，苏辙在几年后也不断获得升迁，历任起居郎、中书舍人、户部侍郎、翰林学士知制诰、御史中丞。元祐六年（1091），苏辙官拜尚书右丞，第二年再迁为门下侍郎，担任副宰相之一。

这是兄弟二人一生当中所担任的职务最高的一段时期。

苏门学士文华广

——东坡与门人

苏东坡在朝廷的这段时期是他官运亨通的一段时期，作为朝廷重臣和文坛领袖，在全国产生非常大的影响，地位就如当年的欧阳修一样，既主政朝廷，又主盟天下。在汴京，士大夫争相效仿苏东坡戴高筒短檐帽，称为子瞻样、东坡帽。苏东坡曾让他的弟子作了一篇《人不易物赋》，另一个弟子开玩笑写了一副对联："伏其几而袭其裳，岂是孔子；学其书而戴其帽，未必苏公。"苏东坡听了也忍不住笑了起来。

　　当时弟子李廌也在现场，他给苏东坡讲起了另一件事情：前几天陪皇上到醴泉院去，在筵席间有些优人在亭前表演，他们互相夸口说自己的诗文写得好，其中一个优人突然站起来说："我的文章你们都比不上。"在场人都一愣，问道："何以夸下如此海口？"这个优人把手往上一指，笑着说："你们没看见我头上戴着子瞻帽吗？"大家才恍然大悟，哄堂大笑。皇上听了也都忍不住笑了起来。

　　苏东坡的书法在北宋当中名气非常大，宋代"书法四大家"苏、黄、米、蔡——苏东坡、黄庭坚、米芾、蔡襄，苏东坡是排在首位的。谁要得到他的一幅字都视为珍品。

有一天，黄庭坚来拜访苏东坡，见他正在练字，就笑着对苏东坡说："您知道王羲之的字为什么叫'换鹅书'吗？"苏东坡回答："因为有个人比较穷，得了王羲之的字后拿着换了几只鹅，所以说叫作'换鹅书'。"黄庭坚说："那您知道您的字现在叫作'换羊书'吗？"苏东坡一听觉得十分奇怪，放下笔问道："这是如何得名的？"黄庭坚说："韩宗儒特别贪吃，他每次得到您的一幅字之后，就拿到肉铺去换几斤羊肉。因此您的字得名'换羊书'。"苏东坡听了之后感觉有些生气，韩宗儒如此不重视自己的艺术创作，贪图一些小利，实在有损读书人的品格。

过了几天，苏东坡正在翰林院值班，一个客人转来韩宗儒的一封信，打开一看，啥正经事都没有，却要求东坡一定要给回信，随便写几句话就行。苏东坡猜到了韩宗儒的意图，是想骗自己的字回去继续换羊肉，把信往旁边一扔，继续做别的事情了。过了一会儿，客人见苏东坡没有回信的意思，便催促苏东坡，说："韩大人正等您的回信呢。"苏东坡一本正经地回答："他这封信上并没有说什么要紧的事，我也没什么话要回的，索性不回信了吧。"

苏东坡这样一回答，那位客人面有难色，犹豫着说："那可不太好办，韩大人嘱咐一定要带回信去的。"苏东坡直截了当地答他说："好办，你从我这里直接带二斤羊肉回去，就权当我的回信了。"

苏东坡不喜欢别人讨要他的字，但是他很愿意将字送给真心喜欢自己字的人。据黄庭坚在《题东坡字后》记载：

东坡居士极不惜书，然不可乞，有乞书者，正色诘责之，或终不与一字。元祐中锁试礼部，每来过见案上纸，不择精粗，书遍乃已。性喜酒，然不能，四五龠已烂醉，不辞谢而就卧，鼻鼾如雷。少焉苏醒，落笔如风雨，虽谑弄皆有义味，真神仙中人，此岂与今世翰墨之士争衡哉！[1]

宋人王暐在《道山清话》中也记载：

苏子瞻一日在学士院闲坐，忽命左右取纸笔，写"平畴交远风，良苗亦怀新"两句，大书、小楷、行草书，凡写七八纸，掷笔太息曰："好！好！"散其纸于左右给事者。[2]

苏东坡酒量不大，少饮辄醉。醒后则笔走龙蛇，喜欢以书法遣情。通过黄庭坚等人的记载可知，苏东坡不喜别人索书，但喜欢主动将书法作品散给他人。苏东坡以书法自由抒发情绪，又将作品主动送人，希望与真正懂他书法的人分享自己的情绪。

在汴京时期，苏东坡又遇到一个才学浅薄而又自命不凡

---

[1] 虞山毛氏汲古阁《津逮秘书》本《山谷题跋》卷五。
[2] 《笔记小说大观》第8编第5册第2799页，台北新兴书局，1978年古籍影印版。

的人，这个人是在朝的一位大臣叫王祈。王祈也喜欢写诗，他的诗好夸张，乍听起来很有气魄，但实际内容空洞，而且常常自相矛盾，不能自圆其说。

一天下朝之后，王祈凑到苏东坡身旁，自我夸耀道："我前几天写了一首咏竹子的诗，其中有一联我非常满意，念给您听听。"说罢，不等东坡回答就摇头晃脑吟诵道："叶垂千口剑，干耸万条枪。"苏东坡听了心中暗笑，嘴里不紧不慢地打趣道："这两句嘛……"王祈扬扬自得地抢着说道："写得还不错吧？"苏东坡还是不紧不慢地说："这两句嘛，表面看起来还是不错的，只是竹子上的叶子太少了。"王祈一听，竟哈哈大笑起来："苏大人，您是不是耳朵不好，我诗中明明说了'叶垂千口剑'，有上千片叶子呢，怎能说少呢？"

苏东坡待他笑完，才又慢条斯理地说道："王大人，您的诗中写的是万竿竹子千片叶，算来只有十竿竹子一片叶子，难道不是叶子太少了吗？"王祈一听，羞得满脸通红，无地自容，只好转身飞快地跑掉了。

苏东坡在朝廷上任重职，每天政务缠身，忙得都没时间去欣赏那些美丽的风景。位高权重，自然也遭到一些政敌的嫉妒，所以这段时期是他诗文创作的一段低潮时期，诗文词创作数量较少。艺术成就较高的是他的一首题画诗《惠崇春江晚景》二首之一：

竹外桃花三两枝，春江水暖鸭先知。

蒌蒿满地芦芽短，正是河豚欲上时。^①

这首诗把春天时春气方动、生机勃勃的一番景象描绘出来。春天生机勃发，大地复苏，桃花三三两两地吐蕊开放，遍地的芦芽刚刚冒头，河豚也适时地游了上来。

苏东坡这时期的词作也少有豪放旷远之作，转而向抒情、细腻、委婉方向发展。如《水龙吟·次韵章质夫杨花词》：

> 似花还似非花，也无人惜从教坠。抛家傍路，思量却是，无情有思。萦损柔肠，困酣娇眼，欲开还闭。梦随风万里，寻郎去处，又还被、莺呼起。
>
> 不恨此花飞尽，恨西园、落红难缀。晓来雨过，遗踪何在，一池萍碎。春色三分，二分尘土，一分流水。细看来，不是杨花，点点是、离人泪。^②

词中写一个女子在思念情人，借杨花的飘落表达心碎的感觉，情景交融，委婉细腻。王国维在《人间词话》卷上评："东坡《水龙吟》咏杨花，和韵而似原唱，章质夫词原唱而似和词，才之不可强也如是。"但是这首词已经是东坡

---

①［宋］苏轼著，［清］王文诰辑注，孔凡礼点校：《苏轼诗集》第1401页，中华书局，1982年版。
②邹同庆、王宗堂著：《苏轼词编年校注》第314页，中华书局，2002年版。

所批评的"婉约"风格了。

苏东坡这一时期虽然在诗文创作方面数量不多，但是在书法和绘画方面却有一定的进步，与他交往的都是米芾、李公麟等一大批当时著名的书法家和画家。苏东坡对于苏门学子奖掖很多，苏曾经担任科考的主考官，选拔进士考试，选拔了很多年轻人。苏东坡和苏门学人经常讨论书、文、词、画的创作。

据俞文豹《吹剑续录》记载：

> 东坡在玉堂日，有幕士善歌，因问："我词何如柳七（柳永）？"对曰："柳郎中词，只合十七八女郎，执红牙板，歌'杨柳岸晓风残月'；学士词，须关西大汉，铜琵琶，铁绰板，唱'大江东去'。"东坡为之绝倒。[①]

东坡在词学上的巨大贡献，就是创造了一种新的审美范式，努力摆脱那种婉约、香艳的词风，努力创造出与柳永为代表的婉约词风不同的艺术风格。东坡词受到很多读者的喜爱，但也有人表示不喜欢。比如，北宋著名女词人李清照就曾不屑地说："苏东坡的词根本不叫词，只是句读不整齐的诗罢了。并且还不合音律，有什么好的？"

元祐二年（1087），因为苏东坡与鲜于侁的举荐，秦观来京城参加进士考试。苏东坡特别招待秦观，夸奖他道：

---

①《全闽诗话》卷二，《文渊阁四库全书》集部第1486册第80页。

"一别三年，你的文章大有长进，京城当中前日还传播你的词作。"

秦观有一首《满庭芳》词，当时广为流传：

> 山抹微云，天连衰草，画角声断谯门。暂停征棹，聊共引离尊。多少蓬莱旧事，空回首、烟霭纷纷。斜阳外，寒鸦万点，流水绕孤村。
>
> 销魂。当此际，香囊暗解，罗带轻分。谩赢得、青楼薄幸名存。此去何时见也，襟袖上、空惹啼痕。伤情处，高城望断，灯火已黄昏。[①]

苏东坡对此词也是赞赏不已，他直接把秦观称作"山抹微云君"。但是秦观词中专写男女之情，感觉形式过于绮靡，内容过于香艳，苏东坡有些不满，直接批评秦观。宋人黄升曾记载：

> 秦少游自会稽入京，见东坡。坡曰："久别，当作文甚胜，都下盛唱公'山抹微云'之词。"秦逊谢。坡遽云："不意别后，公却学柳七作词！"秦答曰："某虽无识，亦不至是。先生之言，无乃过乎？"

①周义敢、程自信、周雷编注：《秦观集编年校注》第789页，人民文学出版社，2001年版。

坡云：：""'销魂。当此际'，非柳词句法
乎？"秦惭服。①

　　苏东坡批评秦观学柳永词，秦观初不服，但苏东坡举出
他这首《满庭芳》词后，秦观"惭服"。这同前面苏东坡追
求自己词作的"自是一家"，与"柳七郎风味"不同的艺术
观点是相同的。

　　苏东坡在书法创作方面有自己独到之处，他提出尚
"意"的书法创作观，开拓了中国书法的审美思想，使北宋
的书法呈现出与唐代、魏晋南北朝、汉代书法所不同的风
貌。

　　苏东坡对于书法和绘画创作都有自己独到的见解，他在
《书鄢陵王主簿所画折枝二首》这首诗当中表明了自己的书
画艺术观：

　　　　　论画以形似，见与儿童邻。

　　　　　赋诗必此诗，定非知诗人。

　　　　　诗画本一律，天工与清新。

　　　　　边鸾雀写生，赵昌花传神。

　　　　　何如此两幅，疏淡含精匀。

　　　　　谁言一点红，解寄无边春。②

---

　　① 明万历四年刻本《唐宋诸贤绝妙词选》卷二。
　　② ［宋］苏轼著，［清］王文诰辑注，孔凡礼点校：《苏轼诗集》第1525
页，中华书局，1982年版。

苏东坡此诗是强调画的内在神韵，而忽略对外在形的依赖。王主簿这幅画作已经失传。苏东坡在诗中提出论画重"神"而不重"形"的观点，是对欧阳修重"意"不重"形"文艺思想的继承，并且有所发展。东坡提出"诗画本一律"的观点，认为文学、艺术作品的内涵都是相通的，不能单纯追求"形似"，否则只是邻家"儿童"的鉴赏水平，是算不上"诗人"的。苏东坡为了追求对画作"神"的境界，甚至有意忽略"形"，他在画竹子时中间不分节，从下至上一笔而成，别人质疑其作，苏东坡回问："竹生时何尝逐节生？"他所做的，就是依自然之理，而不是矫揉造作，求形似。

苏东坡的读书也是很有特点，他提倡的方法是经常手抄书。

在黄州时，当地的一个官员黄州教授朱载上因为仰慕苏东坡，经常和他书信往来，结为好友。有一天，朱载上来到苏东坡家中拜访。家人告诉朱载上，苏东坡正在抄书。朱载上很是奇怪，待东坡出来之后问苏东坡在抄何书。苏东坡说，在抄《汉书》。朱载上很是吃惊，《汉书》乃是读书人经常读的史书之一，以苏东坡的才学何必用抄书呢？

苏东坡说："我抄《汉书》已经三遍了，最初是每段都抄三个字为题，第二遍是每次抄两个字为题，现在只抄一个。"并且让朱载上来试自己。朱载上拿起《汉书》随便翻出一个字，苏东坡都能够接下去背诵，无一字差错。

苏东坡的读书方法叫"八面受敌法"，曾经他的一个侄婿王庠向他请教读书的方法，苏东坡在给王庠的回信《与王庠五首》（其五）当中说：

> 但卑意欲少年为学者，每一书，皆作
> 数过尽之。书富如入海，百货皆有之，人之
> 精力，不能兼收尽取，但得其所欲求者尔。
> 故愿学者，每次作一意求之。如欲求古人兴
> 亡治乱、圣贤作用，但作此意求之，勿生余
> 念。又别作一次，求事迹故实典章文物之
> 类，亦如之。他皆仿此。此虽迂钝，而他
> 日学成，八面受敌，与涉猎者不可同日而语
> 也。甚非速化之术。可笑，可笑。[①]

　　苏东坡强调对一本书的研读应该分作不同的角度入手，
每次只求其中的一个方面，然后反复研读，这种八面受敌，
自然会把一本书读透。
　　苏东坡曾经写过一首诗《送安惇秀才失解西归》，诗当
中说"旧书不厌百回读，熟读深思子自知"[②]，即提倡对于
书籍要反复研读、精读。

---

　　①［宋］苏轼著，孔凡礼点校：《苏轼文集》第1821–1822页，中华书局，
1986年版。
　　②［宋］苏轼著，［清］王文诰辑注，孔凡礼点校：《苏轼诗集》第247
页，中华书局，1982年版。

苏堤拂柳景如画

——东坡再入杭

苏东坡对王安石变法自始至终持反对态度，但他并没有完全反对新法，认为新法当中尚有一些合理的地方，比如限制贵族特权、增强军事力量等措施。但是新法在实际实施过程当中，地方官员并没有完全贯彻朝廷政策，造成了很多的弊病。因此苏东坡反对司马光完全废除新法，他认为应该保留一些合理的地方，如免役法等，但司法光坚决不同意。苏东坡这样的政治主张，可以说既得罪了新党，也得罪了旧党，结果引起了新、旧两党对他的不满和攻击，这也看出苏东坡政治情商方面的一些缺陷。

苏东坡当年参加礼部"贤良方正能言极谏科"考试时，司马光主持的这次考试，并坚持把苏东坡录为第三等这样最高的级别，两人又曾共同反对过新法，本应结成政治盟友的。但苏东坡却站在了司马光的对立面，彼此成了政敌。由于苏东坡反对司马光废除免役法，司马光十分生气，准备把苏东坡赶出朝廷。

哲宗元祐元年（1086），司马光因病去世。苏东坡与司马光在政治上的矛盾没有进一步发展，但是新、旧党之间以及苏东坡与他们之间的矛盾却没有能够停止，反而在继续发酵。

　　司马光死后，旧党的一些人仍然不放过苏东坡，继续攻击他。苏东坡在担任中书舍人时起草拟定贬斥吕惠卿的诏书，曾历数吕惠卿的过错，引起了新党的不满。新党当时虽然已经失势，但仍然有不小的势力，他们联合起来共同上疏弹劾苏东坡。

　　苏东坡还受到程颐及其党徒的攻击。

　　二程是北宋著名的理学家，无论做什么事情都要搬出古理来。苏东坡认为程颐所做的一些事情不近人情，常常讥笑他，因此二人结下了疙瘩，心存芥蒂，以至于高太后都亲自出面调解。

　　苏东坡不愿意在朝廷上卷入无休止的党争当中，接连上了几份奏章，要求去地方任职。最后苏东坡于元祐四年（1089）以龙图阁学士身份出知杭州。

　　自熙宁七年（1074），苏东坡离开杭州到现在已经过去整整十五年了，苏东坡是非常喜欢杭州的山水的，现在能回到这里，内心非常愉悦。他在自己的《与莫同年雨中饮湖上》诗当中写道：

> 到处相逢是偶然，梦中相对各华颠。
>
> 还来一醉西湖雨，不见跳珠十五年。①

　　诗中充分表达了对于西湖的喜爱之情，甚至多次在梦中

---

　　① ［宋］苏轼著，［清］王文诰辑注，孔凡礼点校：《苏轼诗集》第1647页，中华书局，1982年版。

回到这里。

苏东坡于元祐四年（1089）七月三日抵达杭州，但迎接他的并不是西湖美景，反而是严重的自然灾害。因为这一年杭州遭受了春天严重的涝灾，积水使早稻没有播种下去，到五六月间水退之后晚稻又遭受了旱灾。杭州一带是江南有名的水乡，鱼米之乡，早晚两季稻都受到损失，百姓的生活毫无着落。熙宁八年（1075），这里曾闹了一次严重的灾荒，饿死了很多老百姓，现在城市里还非常萧条。为了防止这种惨祸再度发生，苏轼马上采取积极的措施，一方面上疏请求朝廷减免赋税，拨米救灾，一方面把用于修建杭州官舍的钱拿出来买米救济灾民。

由于救灾及时，杭州一带这一年没有饿死一个人。

苏东坡的很多政绩都是在担任地方官时做出的。他在任时往往遇到很多自然的灾害，但是苏东坡都靠自己的政治才能率领百姓度过了灾年，取得了抗灾的成功。

瘟疫常常同灾荒同时流行，杭州经历了水旱灾害之后又流行传染病。杭州是水陆交汇的地方，疾病、瘟疫死亡的比例都比较高。苏东坡派人做了很多的稀粥，又调剂了很多药剂，带领一些人到各地去救治病人。并且苏东坡自己拿出了一些钱，又积极筹款，在杭州创建了一所病坊，叫作"安乐坊"，来收纳医治病人。苏东坡在任职杭州知州的三年当中，医治好了上千名病人。一直到苏东坡去世之后，这个病坊还存在。

救完灾后，苏东坡决定主张为百姓减免赋税。多年以来，由于新法实施的过程当中存在一些弊端，加上天灾人祸，很多百姓新账压旧账，积欠累累，像泰山压顶一样直不起腰、喘不过气来。哲宗皇帝继位以后，为了笼络民心，对这些积欠大都下令减免。但是从中央到地方各级官吏都制造各种借口不予减免，一些贪官污吏还利用减免积欠的时候对百姓进行敲诈勒索，因此朝廷的很多优惠政策很难惠及民间。例如，浙西一带因盐铁积欠的共有四百五十户，自元祐元年九月朝廷即下诏减免积欠，但五年过去了，仅仅减免了二十三户，这基本上等于没有实施减免政策。苏东坡为此十分心急，他屡次上疏朝廷，除了要求将这些积欠予以减免之外，同时要求将一些旧欠也予以减免。

苏东坡在杭州期间还做了另一件事情，就是兴修水利。他首先疏浚茅山、盐桥二河，这是流经杭州城内的两条运河，又是沟通大运河和钱塘江、连接海运和内河航运的重要通道，在经济、交通以及城市建设方面都占有重要的地位。但随着每年海水的涨潮总要带来大量的泥沙，常常使河道淤塞，航行十分困难。苏东坡到了杭州之后深入民间，了解到百姓的疾苦，乡亲们向他诉说：每次疏浚运河，不仅军民劳苦，而且贪官污吏趁机敲诈勒索，丝毫不见效果。苏东坡了解到这些情况之后，当即下令抽调部队一千人来疏浚两条运河，使每条河水的水深都在八尺以上，彻底解决了淤塞的问题。当地百姓非常高兴，这三十多年来从来没有见这两条河能够开掘得这么深、工程这么快的。

苏东坡在杭州做的另一件大事是疏浚西湖。唐代大诗人白居易在杭州任职时，曾经疏浚过西湖，引湖水灌溉粮田上千顷。宋朝自开国以来没有进行经常性的疏浚，湖水逐渐干涸，长满野草，现在西湖已经淤塞过半，严重影响了这一带的农业生产以及西湖的水质。苏东坡疏浚茅山、盐桥两条河流的行动大大鼓舞了杭州的军民，他们看到苏东坡是个热心城市建设的好官，在水利事业方面颇有建树，能够为百姓办实事，于是上百名父老来到知府的大堂，向苏东坡请求疏浚西湖。西湖不仅是杭州的美景，而且对于运河航运、灌溉民田等都大有益处。苏东坡自然是十分喜爱西湖的，他采纳了杭州父老的意见，上疏朝廷请求疏浚西湖。在奏章当中，苏东坡列举了西湖不可废的五条理由，并且比喻说："杭州有西湖就像人有眼睛一样，如果没有西湖，杭州就像人没有了眼睛，怎么能称得上天上人间呢？"

朝廷批准了苏东坡的请求。

苏东坡亲自到湖上考察，制定了具体的方案。他考虑到西湖南北有三十里，如果把挖出的淤泥堆到岸上，既费工，又费时，于是决定把淤泥堆积到湖的中心，筑成一条长堤，这样既解决了淤泥堆放的问题，又便利了交通。在疏浚西湖、修建长堤的过程当中，苏东坡每天都到湖上巡视，有时肚子饿了，就同驻地的百姓一起吃饭。百姓们都非常感动，因此工程进展很顺利，长堤很快筑成了。苏东坡又命人在长堤上栽上了杨柳，在湖中种植莲藕，并在堤上建了六座石拱桥。西湖不但重新焕发出光彩，而且比以前更加美丽。

后来人们为了纪念苏东坡，就把这条长堤命名为"苏堤"，"苏堤春晓"则被列为"西湖十景"之首。

苏东坡在杭州任官时期，当地还流传着他的许多奇闻逸事。

有一天，苏东坡从工地上回到衙门，遇到了一件债务纠纷案件。被告人是一个专门制扇的小商人，因为赊欠他人钱款，不能按原定的日期归还，所以很多人就把他告到了府衙。苏东坡将制扇的商人传到了知府大堂当庭对质。结果发现这个商人是个本分的商人，他向苏东坡诉苦道："因为经营不善，家里又有父亲染病，欠了很多的债务，所以无力偿还。"

苏东坡一看这个商人也是很本分，但是欠债还钱这是天经地义的事。如何处理这件案件呢？他忽然想到一个主意，对那个商人说："你赶紧回家拿二十把上好的团扇来，我来替你还债。"商人很奇怪，但是又不敢发问，于是连忙跑回家取了二十把空白的团扇。苏东坡命人拿过文房四宝，在扇子上或题画，或题诗，不一会儿，二十把团扇都被苏东坡题满了字画。苏东坡对那个商人说："此扇拿去还债吧。"商人欣喜不已，把这个扇子拿到集市上，宣称这是大文豪知府苏大人所做的字画。苏东坡名满天下，书、画、诗俱天下传颂。大家一听是苏东坡的字画，于是争相购买，不一会儿扇子就被抢购一空，所得的钱款足够商人还上欠款了。

杭州的生活让苏东坡远离了政治漩涡中心，获得了短暂的安宁，所以苏东坡这时经常处于入仕和归隐的矛盾之中，这种思想在他的一些诗词作品中有所体现，如《好事近·西湖夜归》：

> 湖上雨晴时，秋水半篙初没。朱槛俯窥
> 寒鉴，照衰颜华发。

醉中欲堕白纶巾，溪风漾流月。独棹小
舟归去，任烟波飘兀。①

　　在湖上泛舟，偶然间看到水中自己的影像，已经是头发
花白、满面沧桑了。所以东坡期望能真正摆脱尘世牵绊，
泛舟江湖。该词字里行间跳动着一颗摆脱世务、放情山水的
心。
　　因为心情放松，苏东坡又恢复了文学创作热情，在杭州
时一些写景小诗也精美隽永，如《赠刘景文》：

荷尽已无擎雨盖，菊残犹有傲霜枝。
一年好景君须记，最是橙黄橘绿时。②

　　该诗准确地抓住了初冬时节景物转换的特点，写出了夏
秋之交的时节，虽然荷叶凋零，菊花飘落，这本是一片肃杀
的景象，但却有橙子、橘子即将成熟，这又是一片丰收的景
色。所以，没有必要为年华飘零而感伤，应该以积极的心态
来面对这一切的自然变化。
　　自元祐六年（1091）到绍圣元年（1094）四月，这四年
中间朝廷党争频繁，虽然司马光、王安石已经去世，苏东坡
远在外地为官，但北宋的党争仍然没有停止，政局仍然处在
动荡当中。

①邹同庆、王宗堂著：《苏轼词编年校注》第633页，中华书局，2002年
版。
②［宋］苏轼著，［清］王文诰辑注，孔凡礼点校：《苏轼诗集》第1713
页，中华书局，1982年版。

在这期间，苏东坡曾两次回汴京任职，三次出任地方州郡的知州，宦海沉浮，虽然作为地方大员和朝廷重臣，但他自己的政治主张难以延续开展。可贵的是，苏东坡每到地方任职的时候，都要留下一些为人称道的政绩。

元祐四年（1089）八月，苏辙奉命出使契丹，为辽国国主祝贺生日。这次出使任务圆满完成，苏辙回到北宋汴京之后受到朝廷的嘉奖，这也是苏辙一生当中政治上最为得意的一件事情。

温柔敦厚苏子由

——东坡与弟弟

在苏东坡的一生中，有一个人是必须提及的，这就是他弟弟苏辙。

苏辙可以说是幸运的，因为有一个优秀的父亲，还有一个格外出色的哥哥，一生中，他总能受到父兄的引导帮助。不幸的是，苏辙的光辉一直在哥哥的掩映之下，以至于很多人初次接触到苏辙的名字，都是苏东坡笔下的"寄子由"。

苏东坡与弟弟的感情极深，从小共同就学，一起科考，仕途上荣辱共进，文学上唱和往来，生活上彼此扶持，甚至连死后，兄弟二人都同葬在郏县，而没有归葬故乡眉山。

苏辙（1039—1112），字子由，晚号颍滨遗老。苏辙出生时，父亲苏洵已经为了求取功名奔波多年，已经有些心灰意冷，在有了苏东坡之后，才重新燃起对仕途的渴望。然而天不遂人愿，仍是屡试不第。苏辙出生后，苏东坡与姐姐八娘由一位保姆照料，苏辙由另一位保姆照料。苏辙自幼性格沉默内敛，与苏东坡的差异比较大。因此苏洵在《名二子说》中云："是辙者，善处乎祸福之间也。辙乎，吾知免矣。"对于苏辙期望不像苏东坡那么高，只是希望苏辙能够平安地保全自己。

苏辙自小在哥哥的光环笼罩下，但也逐渐显露出自己的聪慧。在母亲程氏的教导下，苏辙也很快地成长。同苏东坡一同到张易简那里就学，苏辙一直非常刻苦。在张易简那里毕业后，又从刘巨学声律，再由父亲教导，学习写作。苏辙的文章文风朴实，但内涵充实，不以华丽的辞藻来取宠。

苏辙性格内敛，不愿意参加娱乐活动。他常常闭门谢客，专心攻读，甚至连眉山附近的风景名胜也不去游览。苏辙博览群书，又善于思考，因此诗文进步得很快。

1055年，苏辙虚岁十七岁，与十五岁的史氏完婚。婚后两人感情非常好，生育了多个子女。苏辙有一首《寄内》写道：

> 与君少年初相识，君年十五我十七。
> 上事姑嫜旁兄弟，君虽少年少过失。[1]

1057年，苏辙跟随父亲和哥哥到开封参加进士科考试。父子三人风餐露宿，吃了不少苦头，五月中旬才抵达汴京（今河南省开封市）。在这次考试中，苏东坡、苏辙兄弟二人同时高中，在历史上也是不多见的。加之父亲苏洵的文章也得到了欧阳修等人的赞誉，"三苏"名盛一时。

母亲程氏去世之后，苏辙与父亲、哥哥回家守孝。守孝期满之后，兄弟两人又参加了直言极谏科的考试。当时苏东

---

[1] ［宋］苏辙著，陈宏天、高秀芳点校：《苏辙集》第915页，中华书局，1990年版。

坡考入第三等，司马光也想把苏辙列入第三等，但终因众人反对作罢，列入了第四等。由此可见，司马光这位大儒名臣对苏辙的评价是很高的。

据记载，在这次考试之前，苏辙病倒了。眼见考试的日期临近了，宰相韩琦向仁宗皇帝禀告说："今年的科考有眉山来的两兄弟要参加，其中小的这个生病了，他如果不能参加考试的话，对朝廷将是一个极大的损失。"

仁宗皇帝也比较开明，当下决定，就等苏辙病好之后再考试。因此这次选拔考试推迟了二十多天，待苏辙病好后才举行。从此，礼部的选拔考试都改在秋凉时进行了。

据传，后来韩琦又对来应考的举子说："今年有苏东坡兄弟两个人参加考试，他们肯定能高中。"参加考试的其他人都觉得自己没机会，干脆不考了，陆陆续续走了八九成，最后只剩下四个人参加考试。

这则记录的真实性有待考证，但是因为苏辙生病而推迟了科考时间这件事却是真的，也是历史上绝无仅有的。

经过礼部的考试后，苏东坡被授予凤翔府判官离京赴任去了，而苏辙则没有接受朝廷授予的官职，依然留在京城侍奉父亲。一方面是因为父亲苏洵在京城，兄弟二人不能同时去外地赴任，必须有一人留在父亲身边，于是苏辙选择留下。另一方面在这次考试中，苏辙对于朝廷的积弊直言不讳，对于仁宗的某些举措也提出了比较尖锐的负面意见。因此，在录取他时，朝臣已经有许多不同意见，王安石更是拒绝为他撰词，怀疑他的忠心。性格温和的苏辙竟然来了犟脾气，决定辞官。

1065年，苏东坡任满回京，苏辙也收敛了自己的年少盛气，出任大名府推官。随着年龄的增长，苏辙也逐渐与友人多有交往，在公务之余，也经常出去游玩，接触到了更广阔的社会生活。

第二年，苏洵在京去世，苏东坡、苏辙兄弟二人扶灵枢回蜀安葬、守孝。

当苏东坡、苏辙兄弟再次回到朝廷时，"王安石变法"已经开始了。虽然苏洵跟王安石的关系不是很好，苏东坡也反对王安石变法，但苏辙此时对变法是持一定支持态度的。神宗皇帝于是表达了对苏辙的欣赏，命他辅佐王安石开展变法。

然而，随着变法的深入，苏辙对王安石的很多做法开始表示反对，对新法的效果也报以怀疑的态度。在他进入三司条例司之后，接触到相关事宜，这些意见就更加强烈了。

比如"青苗法"，苏辙认为，法令初衷是好的，但贷款的过程当中，难保某些官吏不会趁机中饱私囊，国家规定二分利，到他们这儿可能就变成三分了。再者，很多老百姓本来缺的是种子和大牲畜，现在直接给银子，恐怕有些人就会奢侈浪费了，到还贷的时候还不上怎么办？如果以强硬的手段收回本息，肯定不利于民生。政策在执行中有很大概率出现的问题，必须要考虑到，不能因为想法是好的，就让百姓来承担后果。

王安石觉得也有道理，但是想来想去，这是短期内提高朝廷收入的好方法，弃之实在可惜，就还是推行了。苏辙不满，上书表示反对，王安石便在皇帝面前对他颇有微词。不久，苏辙自觉在京待不下去了，自请担任河南府推官，后又改任陈州的州学教授，再至济南为掌书记。

这一时期，苏辙仕途上并不是很如意，生活拮据，抱负不得施展，处境是很艰难的。苏辙的房子很矮小，而苏辙的个子又很高，苏东坡写了一首《戏子由》诗拿弟弟打趣，其中写道：

> 宛丘先生长如丘，宛丘学舍小如舟。
> 常时低头诵经史，忽然欠伸屋打头。[1]

苏辙深入接触百姓，也让他的感悟与以往已然不同，思想渐渐改变的结果，就是明确反对新法。他不可能改变神宗皇帝的态度，因此只能辗转任地方官。哥哥苏东坡也同样，从密州回京述职时，连京城的城门都不让他进了。离别时，苏东坡写诗，不再有《水调歌头》（明月几时有）中所写的在密州时"但愿人长久，千里共婵娟"的洒脱，而是略带凄恻，苏辙回应时，也同样饱含担忧，害怕此生聚少离多，命途多舛。

打击果然很快降临了。

"乌台诗案"震动朝野和文坛，苏辙很着急，百般想法子营救哥哥。他给皇帝上奏章，写得情真意切，愿意以降官职来替兄长赎罪。提心吊胆地苦等之后，朝廷终于有了定论，苏东坡被贬为黄州团练副使，苏辙也被贬为郓州盐酒税

---

①〔宋〕苏轼著，〔清〕王文诰辑注，孔凡礼点校：《苏轼诗集》第324页，中华书局，1982年版。

官，而且五年内不得升调。

虽然家境贫困，而同遭贬谪打击，但苏辙依然想办法为兄长尽一份力，竭力营救兄长并代为照顾家眷。也正是在落魄中，苏辙反能结交到一些真心的朋友，毛滂、王适等青年学子对他真心敬重，旧友新朋也常有书信往还，素未谋面的黄庭坚也在此时来信，与苏辙订交。苏门中人，往往结成患难之交，彼此扶持鼓励的情谊，实在是他们坚持理想保全自身的巨大动力之一。

直到宋哲宗继位，高太后暂理朝政，她一心反对改革，重新起用反改革派，苏东坡兄弟才重新得到重视。苏辙也在回京后不断升迁，先招为秘书省校书郎，又任户部侍郎、吏部尚书，奉命出使辽国。再任御史中丞，然后是尚书右丞，短短数年官至门下侍郎，做到了副宰相级别。

这样快速的升迁，一来是因为时局转变，二来也是因为高太后对苏辙兄弟的欣赏。但是，过盛的恩宠让苏辙除了感激之外，还有深深的惶恐。苏辙虽然已不像年轻的时候那样莽撞冒进，也比哥哥更沉稳些，但是他直言敢谏的脾气并没有改变，这样的性格习惯也容易给自己招来祸患。

苏辙的确觉得惶恐，但该说还是要说。

他回朝之后，司马光正全力废除新法，操之过急，这一番举措，史称"元祐更化"。王安石改革中有一项免役法，百姓此时已经渐渐习惯了，却又要一朝更改，苏辙连忙劝阻。他认为，无论是差役法还是免役法，其实都有损于民生，现在百姓已经习惯了免役法，就算要恢复旧令，也得有一个缓冲的时间，让他们得以休养生息。再则，在用人上也需要格外斟酌。

可惜司马光并没有听他的劝告，苏辙前后四次上书，也是白费心力。

其实苏辙中年以来，上书言事一直是平和公正的，但还是被新党抓住把柄，向哲宗上奏章弹劾苏辙。1094年，苏辙被贬到了筠州；不久，再贬到雷州，此时苏东坡已经被贬到了儋州。

去到蛮荒湿热之地，万般不幸。不幸中的幸运是兄弟二人尚得以同行，他们在雷州相聚，并得到地方官的款待。一个月之后，依依惜别。兄弟二人一生中经历了多次分离，总是互相安慰，对未来依旧保持期待。但这次不同了，两人饱经风霜，已年老体衰，他们都隐约预感到，这次恐怕会是诀别。苏辙强作洒脱，在《次韵子瞻过海》诗中对哥哥说："一瞬千佛土，相期兜率宫。"意思是，要在天上再相聚。一语成谶，两人果然没能再在人世相见。苏东坡死前最牵挂的便是弟弟子由，嘱托友人让弟弟为自己作墓志铭。而苏辙闻听消息后，更是痛苦得不能自已，道："小子忍为吾兄铭！"

朝政回暖，转瞬复又严寒，苏辙被夺去官职，贬为百姓。

或许正是因为在晚年摆脱了纷扰，放平和了心态，苏辙很长寿。他在徐州颍水畔买了一处宅子，自号颍滨遗老，过着粗茶淡饭却逍遥恬淡的生活，一直活到了七十四岁。1112年，苏辙去世，他被追封为端明殿学士，后来累封为太师、魏国公，宋孝宗又给他追加谥号"文定"。

宦海漂泊难停驻

——东坡再被贬

元祐六年（1091）三月九日，苏东坡被召回汴京，担任翰林学士承旨左朝奉郎知制诰。苏东坡担心回到京城后受到排挤，便借口身体有恙，先后上表推辞。此时苏辙在京身居高位，担任尚书右丞。兄弟二人同为朝廷重臣，必然遭到他人的嫉妒。但苏东坡先后七次上疏辞职都没有被批准。没有办法，苏东坡于五月二十六日抵达京城，暂时借宿在弟弟苏辙家。六月一日正式担任翰林学士承旨兼侍读职务。

朝廷对苏东坡的重任固然有高太后喜爱苏东坡的缘故，同时也因为苏东坡在当时地方官任上政绩显著，民间的声誉极高。但苏家兄弟二人的得宠遭到了很多小人的嫉妒，苏东坡不愿意在朝廷的党争当中再次陷入泥潭，于是又坚决地请求外任。

这年八月，他回朝不到半年，便以龙图阁学士的身份到颍州（今安徽省阜阳县）担任太守的职务。

元祐六年八月二十五日，苏东坡抵达颍州任上。

刚到颍州，就看到这里很多沟渠因年久失修已经不能发挥原有的作用。苏东坡在地方官任上除了处理政务、诉讼案件之外，兴修水利一直是他的一项政绩，他在很多地方做官的时候都在水利建设方面颇有成效。因颍州也有一个西湖，本来风景优美，但因缺乏治理，也已经干涸了。于是苏东坡立即奏请朝廷，将治理黄河的役夫调集一万人到颍州，帮助颍州疏浚了西湖，重新整修了沟渠，使颍州的灌溉得以恢复，农业生产得到恢复。

苏东坡在颍州闲暇时，经常和赵令畤、陈师道等人一起泛舟颍州西湖，相互唱和。因此有人说，苏东坡处理州府的事务只消在游览的茶余酒后即可处理完，无须在大堂上办公。暂时脱离了朝廷的政治旋涡，苏轼感觉身心都得到了放松。在山水当中他的心情也非常愉悦，当年在黄州时期那种归隐的思想时时浮上心头。

转眼到了元祐七年（1092）二月，苏东坡又接到朝廷的任命，以龙图阁学士充任淮南东路兵马钤辖知扬州军州事。苏轼被迫又离开颍州到扬州赴任。

苏东坡一到扬州，又做了几件著名的事情。

东坡三月份到达扬州的时候，正赶上扬州举行一年一度的"万花会"。"万花会"最初起源于洛阳，洛阳牡丹天下有名，俗称"洛阳牡丹甲天下"，名品众多。钱惟演在洛阳任留守推官的时候就开始举办牡丹万花会，每年牡丹盛开的时候，都是洛阳城内最繁华、最热闹的时节，从地上到梁柱上都绑着许多注水的竹筒，竹筒里插上各色品种的牡丹花，举目一望满城皆花，所以称为"万花会"。钱惟演为了逢迎皇上，在各地设立驿站，年年向朝廷通过驿站用快马运送牡丹名品。于是很多地方官吏层层效仿，为了巴结上司往往巧取豪夺，百姓为了进贡牡丹被官府盘剥，苦不堪言。

扬州的芍药也很有名，蔡京做扬州太守时，也仿照洛阳的牡丹万花会，在扬州大搞芍药万花会，每年使用的芍药花就达十万多株。这么多的花除了扬州城内的以外，还要从周围的一些县运来。贪官污吏借机敲诈勒索，百姓怨声载道。

苏东坡当年曾经路过洛阳，就曾听过牡丹万花会劳民伤财，害人匪浅。因此到扬州任上后，本地正巧举办芍药万花会，而本地百姓对此深恶痛绝，于是苏东坡当即决定停止今年的芍药万花会。消息一出，全城庆贺，百姓载歌载舞，交口称赞，都夸苏东坡是个贤能的好官。

这一年八月，苏东坡到扬州任职务不到半年，又被召回汴京担任兵部尚书，接着又兼侍读，改为礼部尚书。苏东坡在扬州任上接到兵部尚书的任命时就在赴京途中上奏折请求辞免该官职，希望在地方上任职。当改为端明殿学士、翰林侍读学士、礼部尚书时，他再次上表，请求到边境上担任地方官，但仍未获得批准，只能再次回京任职。

元祐八年（1093）是苏东坡一生中又一个霉运时期的开始。

这年的八月一日，苏轼的妻子王闰之在京城去世。王闰之是苏轼的第二任妻子，是王弗的堂妹。王闰之陪伴苏东坡大半生，从1068年到1093年，两人琴瑟相合二十五年之久，王闰之把自己一生最美好的时光都托付给了苏东坡。而苏东坡一生当中最波折的一段时期都是王闰之陪伴在身边。王闰之也十分贤惠，对于堂姐王弗所生的苏迈和自己所生的苏迨、苏过都是一样的慈爱。苏东坡对王闰之的去世是非常悲痛的。

然而，更大的打击接踵而至。

这年九月，高太后去世，哲宗亲政，朝廷上的局势发生了非常大的变化。哲宗皇帝年轻气盛，他早就不满高太后的政策，决心改变朝政，按照自己的想法来行事。哲宗皇帝听从礼部侍郎杨畏的意见，将章惇、吕惠卿等人招回朝廷，这些人都是在"王安石变法"之后对反变法派进行打压的一部分人，如今他们再次回到朝廷，把元祐旧臣都排挤出朝廷。

苏东坡曾经做过哲宗的老师，但这个学生对老师却没有留下太深的感情，也可能是老师在管教他的时候过于严厉了，而他一直在等着自己亲政的一天。苏东坡也在元祐旧臣被处罚之列。

苏东坡尽管同司马光等旧党意见不合并遭到保守派的排挤和陷害，但是他对"王安石变法"整体上是持反对意见的，因此被哲宗视为旧党，对苏东坡非常冷落。哲宗不但批准了苏东坡镇守边疆的请求，命他到定州（今河北定州市）担任知州，而且拒绝了苏东坡的当面辞行，可见他对这个老师是多么绝情。

苏东坡于十月二十三日到达定州。定州北面即是辽国，是大宋北部的边防重镇。苏东坡到任之后，立志在这里有所作为，成就一番功业。苏东坡发现这里因为常年没有战争，军备松弛，军士也非常懒散，于是下决心整饬军纪，严明军法。在不到一年的时间里，军队的状况明显有所好转，军队的士气得到提升。同时他发现不少军营已经很破败，军士们缺少必需的生活用品，当即向朝廷上疏，请求拨调钱粮解决军备问题。

定州的百姓为了抗敌自保，自发组织了"弓箭社"这样的民间组织。他们在田里耕作的时候随身携带武器，只要发现敌人来进犯，一声令下，很快就可以组织起来抗敌。苏东坡发现这种形式很好，就大力发展。在苏东坡的精心组织和训练下，当时仅定州、保州两地就组织了六百五十一个"弓箭社"，人数总计达到了三万多人，这个数字竟然比当时驻守边防的禁军还要多出六千余人。

元祐八年（1093），河北一带遭受了严重的自然灾害，定州也受到了灾害的侵袭。苏东坡预计到第二年夏天必将粮食短缺，一定会发生饥荒，于是请求朝廷减价卖米，使米价不至于上涨，百姓能够免于饥饿。但民间因为缺乏现钱买米，很多百姓还是买不起，遭受着饥饿的威胁。苏东坡看到这种情况，又上疏朝廷，允许将粮仓中的陈米借给百姓，等到丰收的时候再将新米还给官府。这样做一方面使百姓有了米度过灾年，同时又能够更新官府粮仓中的陈米，可谓一举两得。

不辞长作岭南人

——东坡在惠州

正当苏东坡为巩固北方的边防采取种种有效措施时，更大的灾难降临到他的头上。

元祐九年（1094）四月十二日，哲宗下诏改年号为绍圣。"绍"即接续的意思，"圣"是指神宗朝。因此哲宗的目的很明显，即效仿神宗朝进行政治改革。旧党人物吕大防、范纯仁罢职，新党人物章惇等出任执宰大臣，他们抛弃了王安石新法的革新精神和具体政策，把打击元祐党人作为主要政治目标，当时在朝廷上任职的高级官员有三十多人全都被贬到很偏远的地方。

在这场政治斗争当中受迫害的人里，苏东坡、苏辙兄弟首当其冲。

苏东坡在离京和到定州之后，一再上疏表示"恐急进好利之臣，辄劝陛下轻有改变"的忧虑，要求哲宗"守安稳完全之策"（《朝辞赴定州论事状》），但却未能阻止局势的变动。三月二十六日，苏辙即因反对朝廷中的一些政事而被调离京城，贬到汝州。四月，还是在章惇入相之前，依附于章惇的御史虞策等人延续"乌台诗案"时李定等人的诡计，说苏东坡的诏令中"语涉讥讪，诽谤先帝"，加以弹劾。

接着御史赵挺之等又搬出苏东坡以前所撰的贬斥吕惠卿的诏文，从中寻摘语句，虚构罪责。结果苏东坡被落两职，取消端明殿学士、翰林侍读学士的称号，取消定州知州职位，以左朝奉郎（文职正六品上）知英州（今广东省英德市）。朝廷贬谪诏书刚下，虞策还认为罪罚未当，又降为充左承议郎（正六品下）。六月，苏东坡赴贬所，途经安徽当涂时，又被贬为建昌军（今江西省南城）司马属官，惠州（今广东省惠阳东）安置。苏东坡只好把家小安顿在阳羡（今江苏省宜兴），独自与幼子苏过等南下。途经江西庐陵（今江西省吉安），又改贬为宁远军（今湖南省宁远）节度副使（职位比司马低的署官），仍惠州安置。

三改谪命，足见政敌手段之狠、用心之毒。

从位于北方边陲的定州到岭南的惠州、英州，有四五千里路。苏东坡已经五十九岁了，并且体弱多病，患目疾，接近失明，双手也有些麻木不灵活。家人非常担心他的身体，长子苏迈带家人去常州，侍妾朝云与三子苏过随苏东坡赴贬所。临行时苏迈抱着父亲痛哭失声，苏东坡也是老泪纵横。他的家境已经非常窘迫，连雇人买马的钱都没有，而且已是重病之躯，在大热天赶路恐有不测，于是苏东坡上疏朝廷，请求允许他走水路赴任。哲宗皇帝尚且念师生之谊，准许了苏东坡的请求。

四月十八日，苏东坡由汴京绕道汝州去同苏辙话别。兄弟两个人情谊非常深厚，曾多次相聚、分离。此番一别能否再见，二人都不可知，因此相聚的气氛是非常悲痛的。

六月七日，苏东坡坐船到达了金陵。因为妻子王闰之有过遗言，要画一幅阿弥陀佛像，苏东坡在这里令苏迈等完成王闰之的遗愿。佛像画成之后，全家将佛像送到金陵清凉寺进行安奉，以完成王闰之的遗愿。而苏迈带领全家人辞别父亲回到宜兴居住。

苏东坡一路上经过艰苦的跋涉，于十月二日到达了广东惠州。

惠州位于岭南，自古以来就是罪臣流放之地，被称为蛮夷之乡、瘴疠之地。苏东坡初到惠州，也是十分感慨，悲伤的情绪涌上心头，认为此生再无生还之望了，心情也是非常郁闷的。

苏东坡每次贬官都是因为文字获罪，到达惠州之后，他更痛下决心不再写诗，但是作为一个关心国事、关心民生疾苦的文人，苏东坡很难做到这点，仍然作了很多的诗。他所写的《荔支叹》，则具有很强的现实性和讽刺性：

十里一置飞尘灰，五里一堠兵火催。

颠坑仆谷相枕藉，知是荔支龙眼来。

飞车跨山鹘横海，风枝露叶如新采。

宫中美人一破颜，惊尘溅血流千载。

永元荔支来交州，天宝岁贡取之涪。

至今欲食林甫肉，无人举觞酹伯游。

我愿天公怜赤子，莫生尤物为疮痏。

雨顺风调百谷登，民不饥寒为上瑞。

君不见武夷溪边粟粒芽，前丁后蔡相

笼加。

争新买宠各出意，今年斗品充官茶。

吾君所乏岂此物，致养口体何陋耶。

洛阳相君忠孝家，可怜亦进姚黄花。[1]

  荔支，即荔枝。这首诗作于哲宗绍圣二年（1095），苏东坡被贬到广东惠州，在品尝到甜美的荔枝、龙眼之后，不禁联想到历史上为皇家进贡荔枝而给人民带来的灾难。这首诗从东汉和帝永元年间交州进贡荔枝开始，写到唐玄宗天宝年间从涪州进贡荔枝，诗人揭露了帝王之家的穷奢极欲和官吏的媚上取宠，深刻讽刺了这种不顾百姓生活的进贡制度。"宫中美人一破颜，惊尘溅血流千载"，可谓一针见血，对当权者不吸取历史教训痛心疾首。唐代大诗人杜牧在《华清宫》诗中写"一骑红尘妃子笑，无人知是荔枝来"，揭露的亦是此种情况，但造语不及苏诗愤慨。苏东坡满怀忧国忧民之心，对朝廷催缴贡茶与牡丹之事加以贬斥，甚至气愤地写道："我愿天公怜赤子，莫生尤物为疮痏"，愤激之情跃然纸上。并直刺当朝丁谓、蔡襄、钱惟演之流只顾"争新买宠"、哪管百姓死活的行径。该诗有"史诗"之誉，把描写与议论、对历史的批判与现实的揭露结合起来，写得跌宕起伏，沉郁顿挫。苏东坡虽在政治上屡受打击，但他忠于国家，心忧黎民百姓，关注社会现实，并在诗中提出政见，是其"有补于世"诗学理论的具体实践。

  安顿下来之后，苏东坡觉得这里山清水秀，人情纯朴，

---

① ［宋］苏轼著，［清］王文诰辑注，孔凡礼点校：《苏轼诗集》第2126页，中华书局，1982年版。

就像旧相识一般，甚至连鸡犬对他都像老主人久别重逢一样。苏东坡深深爱上了这里的山，这里的水，这里的人民。他先寓居在合江楼，后迁居嘉祐寺，最后在乡亲们的帮助下，在白鹤峰上修建了一座新居，作为养老之地。苏东坡还在这里买了几亩地，凿了一口井，遍栽果木，准备长期生活下去。

苏东坡贬在惠州，虽然是一个犯官，但是他仍然为当地的百姓做了很多的事情。苏东坡在杭州时期曾经疏浚西湖，在颍州也曾疏浚当地的西湖，此时在惠州，也有一处湖泊让他想起从前所在的杭州，因此他自己不但捐出了仅有的一点钱，还动员很多朋友捐钱疏浚这里。

所以惠州又留下了一处西湖。

早在元祐元年（1086）二月时，苏东坡的好友王巩（字定国）从被贬的岭南回京，苏东坡为他接风洗尘。席间，王巩的一个歌妓柔奴善歌舞，回答问题也很敏捷。苏东坡问她："岭南的生活不大好吧？"

柔奴很淡然地回答道："此心安处，便是吾乡。"

苏东坡听闻，特别感慨，写下了一首《定风波》：

> 谁美人间琢玉郎，天应乞与点酥娘。尽道清歌传皓齿，风起，雪飞炎海变清凉。
>
> 万里归来颜愈少，微笑，笑时犹带岭梅香。试问岭南应不好，却道，此心安处是

吾乡。①

　　苏东坡受歌妓柔奴启发，感慨"此心安处是吾乡"，只要能够放平和心态，不论外在的条件如何艰苦，都能泰然处之，而不会纠结、痛苦。如今自己也贬到了岭南，前情泛起，很快就能内心平静地面对现实了。

　　在惠州，苏东坡有朝云的陪伴，生活也还充满了乐趣。苏东坡与朝云两人的年龄相差虽大，王朝云却是花能解语，很理解苏东坡。《梁溪漫志》记载，有一天苏东坡吃完饭，拍着肚子踱步。"顾谓侍儿曰：汝辈且道，是中有何物？"你们猜我这肚子里都是什么？一个丫鬟说满肚子都是文章，苏东坡说不对。又有一个人说，满腹都是机械，是指政坛上的见解，苏东坡还是感觉不恰当。到了王朝云这里，朝云说："学士一肚皮不入时宜。"你是一肚皮的不合时宜，和社会流俗不相融。苏东坡听了，顿时捧腹大笑，觉得唯有朝云能理解他。苏东坡心直口快，与世多忤，且在新旧两派斗争时，往往政见恰好合于弱势的一方，岂不是不合时宜吗？

　　朝云经常为苏东坡唱词，苏东坡写过一首《蝶恋花》：

　　　　花褪残红青杏小。燕子飞时，绿水人家
　　绕。枝上柳绵吹又少，天涯何处无芳草！
　　　　墙里秋千墙外道。墙外行人，墙里佳人

---

①邹同庆、王宗堂著：《苏轼词编年校注》第578–579页，中华书局，2002年版。

笑。笑渐不闻声渐悄，多情却被无情恼。①

每次朝云唱到"枝上柳绵吹又少"就流泪哽咽唱不下去，苏东坡好奇发问，朝云则答，让她难过的是"天涯何处无芳草"这一句。苏东坡就开玩笑说："我正悲秋，你又伤春。"此事遂罢。

当时规定，妾是不能转为正室的。所以纵使朝云与苏东坡的感情很深，但在王闰之去世之后，朝云也不能转为正室，这不能不说是一种遗憾。

绍圣三年（1096），惠州传染病流行。苏东坡由于注意饮食，没有染病，但是不幸的是，他人生中的最后一个亲密伴侣侍妾朝云却染病身亡。朝云自十二岁侍奉苏东坡，后被纳为妾，去世时年仅三十四岁，葬在惠州丰湖栖禅寺旁的松林中。苏东坡为她撰写挽联：

> 不合时宜，惟有朝云能识我。
> 独弹古调，每逢暮雨倍思卿。

对于她的死，苏东坡十分悲痛，写了《悼朝云》：

> 苗而不秀岂其天，不使童乌与我玄。
> 驻景恨无千岁药，赠行惟有小乘禅。
> 伤心一念偿前债，弹指三生断后缘。

---

① 邹同庆、王宗堂著：《苏轼词编年校注》第753页，中华书局，2002年版。

归卧竹根无远近，夜灯勤礼塔中仙。①

　　诗中充分表达了对朝云的思念之情，对于她的离世，苏东坡可谓痛彻心扉。第一任妻子王弗与东坡是结发夫妻，二人互敬互爱；第二任妻子王闰之陪伴东坡时间最长，尤其是在他人生的低谷时不离不弃；朝云与东坡年龄差距虽大，但却最能理解东坡的心思。如今，三个挚爱的女人都撒手人寰，离他而去，怎能不让东坡肝肠寸断？

　　自此之后，苏东坡终身不听那一首《蝶恋花》。

　　苏东坡的爱情大略就是如此，还有些其他未见记载的侍女姬妾则不作细论。虽然算不上轰轰烈烈，但三段感情也是情真意切。两妻一妾，娶妻是有先后顺序的，娶妓为妾不合规定，不过在当时来看，也不算很大的错误。我们不能以今天的标准来要求宋代男子，要求他们必须有从一而终的品质才算合格。

　　苏东坡是一个美食家，在黄州时期他首创的东坡肉、东坡鱼已经广为流传，到了惠州，虽然环境艰苦，但是这里却有鲜美的荔枝可吃。苏东坡十分感慨，难怪唐代的杨贵妃特别爱吃岭南的荔枝，甚至让人快马加鞭送到长安。苏东坡把惠州当作了自己的故乡，准备安心于此终老一生。

　　而生活的艰苦没有让苏东坡的意志消磨，反而摆脱了政治的羁绊。他的创作灵感则再度勃发，他写了很多优秀的作品。如《食荔支》：

---

　　① ［宋］苏轼著，［清］王文诰辑注，孔凡礼点校：《苏轼诗集》第2202-2203页，中华书局，1982年版。

罗浮山下四时春，卢橘杨梅次第新。

日啖荔支三百颗，不辞长作岭南人。[①]

　　诗中写罗浮山风景秀美，各种水果很多，尤其是鲜美的荔枝最让人喜爱。东坡表达了安于环境的心态，甚至愿成为一个"岭南人"，可以每天吃到鲜美的荔枝。

　　苏东坡还写了一首《纵笔》诗：

白头萧散满霜风，小阁藤床寄病容。

报道先生春睡美，道人轻打五更钟。[②]

　　这首诗也是在惠州时期所作，写在岭南苦中作乐，虽然身体多病，但是没有政务缠绕，还可以睡个懒觉。这首诗表达出苏东坡乐观的心态和诙谐的个性。

　　据说这些诗传到了章惇耳中，章惇说："苏东坡在岭南还能睡懒觉、吃荔枝？把他再贬！"

　　于是，苏东坡又被贬到了儋州（今海南省儋州市）。

---

　　①〔宋〕苏轼著，〔清〕王文诰辑注，孔凡礼点校：《苏轼诗集》第2192-2194页，中华书局，1982年版。

　　②〔宋〕苏轼著，〔清〕王文诰辑注，孔凡礼点校：《苏轼诗集》第2203页，中华书局，1982年版。

天涯海角一居士

——东坡在儋州

儋州在海南岛，比当时的岭南还要穷僻荒凉，而且满是瘴疠之气，被贬到此的人很少有能生还的。

北宋自建国之初，宋太祖赵匡胤立下规矩：不杀文人及进谏者。因此北宋的很多文人犯罪之后都是被贬，而没有被杀。

苏东坡此时已经六十二岁了，感觉再没有重返大陆的机会了。暗想，到了儋州后，首先就是要做一口棺材，有能力的话，再掘一个坟墓，死后就葬在那里吧。

而这一时期苏辙也被贬到了雷州。苏东坡在赴海南的过程当中，于五月十一日在滕州与弟弟相会。兄弟两个本来以为前段分别，今生就再难相见，没想到在生命的晚年又能够在雷州再次相聚，因此欢愉当中隐含了一些悲伤情绪，而悲伤之中又有一些欢乐在其中。但是朝廷政令在此，兄弟两个人被迫又得分别。

在苏东坡渡海之前，他的痔疮病复发，呻吟不止，苏辙则彻夜守在哥哥身旁。苏东坡赴儋州之前把家眷安置在了白鹤峰，只带了小儿子苏过同行。苏迈原本在南雄做县令，此时也被免官，和家人都留在了白鹤峰。

同苏辙分别之后，苏东坡父子登舟渡海，于七月二日到达了儋州。儋州知州张中对苏东坡仰慕已久，所以非常热情地接待他们，将他们安置在官舍里，经常往来，成了很好的朋友。

政敌章惇仍然没有放过苏东坡。他知道苏东坡的名气大、人缘好，所到之处各地州县对他崇拜有加，接济资用，不遗余力，于是行文儋州各府县，不允许苏东坡居住在官舍。分明逼苏东坡野居，最好是染瘴疫而死。因此苏东坡被从官舍当中赶了出来。

公道自在人心，当地人听说苏东坡父子被赶出官舍，大家都说："这样一个大文豪，备受天下人敬重，现在却遭到诬陷来到这里，是我们的造化，我们怎么能让他露宿野外呢？应该替他盖所房子吧。"当地人争前恐后地挖泥、挖土，制作门户，很快盖好了几间房子，周围又种了很多的槟榔树。

苏东坡就用槟榔叶编织了"苏东坡"三个大字挂在门上，并把这一新居叫槟榔庵，还写了《槟榔庵铭》。

东坡在儋州时，和当地的人民结下了深厚的友谊。贬谪生活又给他提供了接近下层百姓的机会，如《被酒独行，行遍子云、威、徽、先觉四黎之舍三首》其一：

半醒半醉问诸黎，竹刺藤梢步步迷。
但寻牛矢觅归路，家在牛栏西复西。[1]

---

[1] ［宋］苏轼著，［清］王文诰辑注，孔凡礼点校：《苏轼诗集》第2322–2323页，中华书局，1982年版。

诗中写酒醉之后找不到家了，面前都是荆棘，忽然想起自己的家东边有一个牛栏，那么只要沿着地上的牛粪就能找到牛栏，也就能找到自己家了。全诗既诙谐幽默，又充满了浓浓的生活气息。

苏东坡在海南岛的时候，最初内心也是非常悲伤，感觉海天茫茫，在一个小岛上如何能够出得去？但是后来仔细一想，人的一生都是在岛上，只是岛的大小有差别而已，所以他写了著名的《在儋耳书》（又名《试笔自书》）：

> 吾始至南海，环视天水无际，凄然伤之曰："何时得出此岛耶？"已而思之：天地在积水中，九州在大瀛海中，中国在四海中，有生孰不在岛者。覆盆水于地，芥浮于水，蚁附于芥，茫然不知所济。少焉，水涸，蚁即径去，见其类，出涕曰："几不复与子相见。岂知俯仰之间有方轨八达之路乎？"念此可以一笑。戊寅九月十二日，与客饮薄酒，小醉，信笔书此纸。[1]

苏东坡在这封信当中写了自己刚到儋州的心情，看周围水天无际，内心也非常伤感，感慨何时能够离开这个岛。进而一想，所有的人都在岛上，只是大小不同而已。苏东坡又

---

① ［宋］苏轼著，孔凡礼点校：《苏轼文集》第2549页，中华书局，1986年版。

虚拟了一个故事：把一盆水倒在地上，一个谷壳浮在水上，而一只蚂蚁浮在谷壳上，看到周围茫茫大海，不知道怎样才能逃生。过一会儿，水晒干之后，蚂蚁爬了出去，看到它的同类，痛哭流涕道："几乎见不到大家了，没想到转瞬之间，沧海桑田变化如此之大。"面对生活的困境，东坡一笑而过。

苏东坡这样的达观心态是他在贬到黄州之后就开始形成的，到了儋州之后，他的思想愈加完善。惠州、儋州的贬谪生活是黄州生活的继续，他的思想和文学、艺术创作也日臻成熟。

苏东坡在儋州时，仍能保持积极乐观的生活态度，在他的诗歌中也有所反映，如《纵笔三首》之一：

> 寂寂东坡一病翁，白须萧散满霜风。
> 小儿误喜朱颜在，一笑那知是酒红！①

诗中写自己身体多病，又满头散乱的白发。小孩还夸奖自己的脸色红润，咧嘴一笑，酒气熏人，才知道是因为酒醉而满面红润的。全诗在戏笑中透露出一丝无奈，但世事沧桑都在这揶揄自嘲中化解开了。

苏东坡的思想和创作也是黄州时期的继续和发展，佛老思想又成为他思想的主导，而且比以前有所增长。他在《迁居》诗中说：

---

① ［宋］苏轼著，［清］王文诰辑注，孔凡礼点校：《苏轼诗集》第2327–2378页，中华书局，1982年版。

吾生本无待，俯仰了此世。

念念自成劫，尘尘各有际。

下观生物息，相吹等蚊蚋。^①

佛教以世界成坏一次为一劫，道教以世界为尘，苏东坡此时推崇清静无为，对养生长生的道教也表现出比以前更大的兴趣。

统观苏东坡的一生，儒家思想和佛老思想始终矛盾地并存在一起，因为前者的主要精神是积极入世，而后者却是消极出世；他们在苏东坡身上又是统一的，因此他习惯于把政治思想和人生思想区别对待，因而大致以"外儒内道"的形式把两者统一起来。就是说，苏东坡在入世的时候，尤其是在地方官任上，主要信奉和推行儒家的政治思想，"达则兼善天下"；当他贬官时，当他处在落寞时期，佛老思想成为他主要的思想倾向，但此时儒家思想也并不泯灭，"穷则独善其身"。可以说苏东坡是把各种思想有机地融合在一起，并创造性地形成了自己的为人处世风格，这就是东坡思想为什么会对后世文人产生重要影响的原因。

所以说，后世每个文人心中都住着一个苏东坡，是并不为过的。

在海南岛的两年半时间，东坡的诗文创作数量不是特别多，闲暇时他也专心学术研究。苏过协助父亲整理他的札

① ［宋］苏轼著，［清］王文诰辑注，孔凡礼点校：《苏轼诗集》第2196页，中华书局，1982年版。

记、文稿，编成《东坡志林》《尚书注解》两部书。

苏东坡虽然贬到偏僻的儋州，但是他的声名远播，不但当地人非常敬仰他，甚至很多人追随着苏东坡来到了海南。杭州有一位制墨商人潘衡由于生意不佳，突发奇想，专门跑到海南岛去找苏东坡，和他研究制墨。在当时材料极度缺乏情况下，只有用烧松脂、烟灰和牛皮胶来做墨，这是一个古老的方法。为了制墨，苏东坡和潘衡两个人费了很多的心血。有一天半夜里失了火，几乎把东坡的槟榔庵烧掉。他们制的墨虽然不理想，但是潘衡回到杭州，把店里的墨价提高了三倍，说是在海南岛向苏东坡学得了制墨的秘诀，制的墨与众不同，并且标上"东坡制墨"的标签，居然赚了很多钱。

苏东坡听说了这件事情，啼笑皆非。

儋州非常荒凉，生活条件非常艰苦，苏东坡给朋友的信当中说，这里"食无肉、病无药、居无室、出无友、冬无炭、夏无泉"，几乎什么都没有。儋州的气候炎热潮湿，特别容易生病。苏东坡手肘常年生疮，又有很严重的痔疮，并且患了很严重的眼疾，此时已经年过六旬，更加难以适应这里的气候，身体越来越虚弱。有的时候饮食都成问题，只能吃芋头、喝凉水来度日。而且这里缺医少药，苏东坡只能托人从外地给他寄来一些药。一来供自己治病，二来也可以救治他人。但是从内地到海南岛的船只很少，不可能经常把药带过来，苏东坡此时已经须发皆白，瘦骨嶙峋。平时精力尚好，饮食也算正常，一旦生病时，加上缺少药物，他的身体就很难承受了。

从物质生活来看，东坡父子在儋州过着一种苦行僧式的生活，但是在精神生活上，苏东坡却十分充实。他远离了朝廷上的党争，也不用每天去面见上司、拜会同僚。在贬到黄州之后他的那种思想的变化虽然没有完全成熟，后来几度在朝为官，那种恬淡的、归隐的思想就被压了下去，如今再度被贬到惠州和儋州，苏东坡就彻底对仕途绝了念头。他真正地把一切的名利、富贵、贫贱等都放下，现在他感觉每天生活得也很好，仍旧可以日上三竿才起床，感觉很惬意。

在儋州没有什么娱乐的，他听说朋友那里有一本陶渊明的诗集，准备借来看一看。朋友听说苏东坡要看之后，专门为他重新抄写了一本，因为他的眼睛不好，特意给他抄的字比较大。苏东坡非常喜欢，每天只读一首就放下，然后反复揣摩。唯恐太快把陶渊明的诗集读完，就没有精神食粮了。

苏东坡在扬州期间，曾经作了和陶渊明的《饮酒诗》二十首，在惠州、儋州期间他的生活和心境逐渐和陶渊明有所接近，他不仅喜欢陶渊明的诗歌，而且更倾慕陶渊明的为人。在儋州期间自己的生活境遇和陶渊明更加相似，苏东坡更加领悟出陶诗内在的真谛，那种平淡而自然却有深意在其中的精神境界。所以苏东坡在海南开始大量写作和陶诗，为后世留下了非常重要的文化遗产。

苏东坡不但自己有和陶诗，而且还让自己的弟弟苏辙和他的门人都来写和陶诗。苏东坡说："自古至今大量和作一个人诗作的，我是第一个人。"

苏东坡在海南总共写了一百多首和陶诗，以及数篇模拟陶渊明文章的作品，如《和陶拟古九首》之八：

城南有荒池，琐细谁复采。

幽姿小芙蕖，香色独未改。

欲为中州信，浩荡绝云海。

遥知玉井莲，落蕊不相待。

攀跻及少壮，已失那容悔。①

　　陶渊明的精神世界让苏东坡着迷。他倾情陶诗，更崇拜陶渊明的思想境界。在诗中，东坡模拟陶诗写法，对周边景物进行描摹，营造出自然恬静的意境。同时将个人身世融入诗中，感慨时光流逝，青年时期的远大理想已经难以实现，如今只能在现实中追求精神的解脱。

　　苏东坡此时经常抒写贬居生活的艰辛和心情的悲苦，同时思想上也提倡随遇而安，追求自然。苏东坡在从政期间没有从事学术研究，他的学术性著作主要集中在贬官黄州和贬官岭南期间。贬官黄州期间，他完成了父亲苏洵的遗愿，做了《易传》九卷，自己又作了《论语说》五卷。在贬官岭南期间，他对《易传》《论语说》做了修改补充，又作《书传》十三卷、《志林》五卷，对于这些学术著作苏东坡也非常满意。

　　苏东坡在岭南期间也培养了很多后辈学人。他虽然长期受到政敌的迫害，但是很多学子不惧怕权贵，甚至千里迢迢追到苏东坡的贬所跟他学习。其中就有琼州人姜唐佐、潮州

---

　　① ［宋］苏轼著，［清］王文诰辑注，孔凡礼点校：《苏轼诗集》第2265页，中华书局，1982年版。

人吴子野、儋州人黎子云兄弟等人。姜唐佐是琼州人，他深深为苏东坡的学识所折服，从琼州一直跟随到儋州向苏东坡求学。

在苏东坡到儋州之前，这里的文化比较落后，宋朝建国以来上百年时间，这里从没有人进士及第，但是苏东坡到来没几年姜唐佐就在乡试中考取了贡士。苏东坡在他的扇子上题诗道："沧海何尝断地脉，朱涯从此破天荒。"并且鼓励姜唐佐说："等你金榜题名，考中进士之后我来再给你续完这首诗。"

姜唐佐没有辜负苏东坡的希望，于大观三年考中进士，成了海南历史上的第一名进士，只是他在北上京城应试时苏东坡已经去世了。苏辙知道了此事，说："兄长未完成的遗愿，由我来为你完成吧。"他为姜唐佐续完了这首诗，其中就有"锦衣不日人争看，始信东坡眼力长"的句子，可见苏东坡对后辈学人的栽培之情。

东坡文名天下流传，他也逐步形成了自己独特的文艺思想。《与谢民师推官书》是苏东坡从海南岛遇赦北归途中所作，是他晚年总结自己创作经验的重要书简，其中写道：

> 所示书教及诗赋杂文，观之熟矣。大略如行云流水，初无定质，但常行于所当行，常止于所不可不止，文理自然，姿态横生。孔子曰："言之不文，行而不远。"又曰："辞达而已矣。"夫言止于达意，即疑若不文，是大不然。求物之妙，如系风捕影，能

使是物了然于心者，盖千万人而不一遇也，

而况能使了然于口与手者乎？是之谓辞达。

辞至于能达，则文不可胜用矣。[1]

　　苏东坡对于文学与书法创作都追求一种"行云流水"的感觉。他强调任感情自然外溢，则表达的感情最为真挚。而言辞是很难真正表达主体感情的，"求物之妙，如系风捕影，能使是物了然于心者，盖千万人而不一遇也，而况能使了然于口与手者乎？"所以用外在的言辞表达内在的"理"是很难的。因此东坡提出，对于诗文创作，只要能真正表达内心情感即可，言语是自然地呈现，不必过度雕琢，"辞达"而已。

　　苏东坡刚被贬到海南时，每天都盼望着能够北归，但是随着时间一年年地过去，他的归期仍杳无音信。苏东坡已经决定把自己的残生存放在海角天涯了。

　　哲宗元符三年（1100）正月，此时苏东坡已经六十五岁，他听说自己多次提出的让决堤的黄河北流入海的主张已经得到了实现，而自己却贬官在天涯海角的儋州，赦免更是遥不可及，不禁百感交集。

　　就是在苏东坡发出这样感叹的时候，朝廷发生了重大的时局变化，年仅二十七岁的哲宗病逝。哲宗没有儿子，由弟弟赵佶继位，即宋徽宗。政局在短时间内发生了有利于元祐党人的变化。哲宗当政时期被贬的很多官吏已经官复原职，

---

　　① ［宋］苏轼著，孔凡礼点校：《苏轼文集》第1页，中华书局，1986年版。

已死的录用其子孙，未死的逐渐内迁，苏东坡也在其中。

元符三年（1100）二月，苏东坡因徽宗大赦天下，已内迁到廉州（今广西合浦），他的门人也都纷纷或被重新起用，或被内迁。黄庭坚、晁补之、张耒等都得到了新的任命。秦观在雷州因蒙圣恩转移英州，尚未出发之时，苏东坡来到雷州，跟秦观在此相见。师徒二人分别之后，秦观行至藤州（今广西藤县），却不幸因病去世，苏东坡认为是自己牵连了秦观，内心非常悲痛，满是歉意。

元符三年（1100）五月，苏东坡得到朝廷的命令，内迁廉州。在离开海南的时候他写诗表达对海南人民的浓浓之情，在《别海南黎民表》中写道：

> 我本海南民，寄生西蜀州。
>
> 忽然跨海去，譬如事远游。
>
> 平生生死梦，三者无劣优。
>
> 知君不再见，欲去且少留。[①]

东坡把自己完全当成海南人，本以为会终老儋州，如今跨海离去，充满了不舍之情。

苏东坡于六月十七日抵达廉州，又遇大赦，授舒州团练副使，永州（今湖南省永州市零陵区）居住。他刚行至英州（今广东省英德市），又复朝奉郎，提举成都府玉局观，可以在外州随便居住。

---

① ［宋］苏轼著，［清］王文诰辑注，孔凡礼点校：《苏轼诗集》第2362页，中华书局，1982年版。

至此七年的贬谪、流放生涯宣告结束。苏东坡真正获得了人身自由。

超越生死留世间

——东坡的去世

十一月，苏东坡到达了英州县。当时的英州太守何智甫听说苏东坡来了，急忙派人登门拜访，请苏东坡给刚刚落成的英州大石桥写诗文以作纪念。原来英州城市虽小，但有一条江横贯其中，江上原来架有一座木桥，风吹雨淋已经年久失修，早已毁坏。何知府到任之后，率领群众在江上建了一座美丽而坚固的石桥。正赶上苏东坡路过此地，何知府即派人前往请求苏东坡撰写诗文，以求纪念。

　　不一会儿，派去的小吏回来禀告，苏东坡说因未曾亲自到过桥，难以落笔，可否到现场看过石桥之后再来写？何知府以为是自己失礼，按理说应该是自己登门拜访才是，于是他亲自拜访苏东坡，赔礼说："因您的到来我没能够及时迎接，所以说向您致歉。尤其是请您给英州新落成的石桥写诗文，更是我的不情之请。"

　　苏东坡赶忙解释说："你误会了我的意思，其实并非不愿意给你写，而是我没有到过桥边，不知道这座桥的具体形貌，难以凭想象写出。如果真的想写的话，你应该请我去现场看一看。"

　　何知府恍然大悟，赶紧请苏东坡乘坐一辆车子来察看石桥。街上的百姓听说苏东坡到来，夹道欢迎，同时也纷纷赞扬何知府的功德。有人甚至高兴得抱住了何知府驾车的马。

苏东坡到了桥边一看，新桥不但宏伟壮观，而且精美无比。他当场对何知府说："我亲自到此之后内心深有感触，自然可以作诗，只是出门仓促，没有携带笔墨，回去之后一定完成。"

当晚苏东坡回到住所，茶不喝，饭不吃，挥毫泼墨，一口气写下了五十六句的四言长诗《何公桥》，妙语佳句，自然天成。

天壤之间，水居其多。人之往来，如鹈在河。

顺水而行，云驰鸟疾。维水之利，千里咫尺。

乱流而涉，过膝则止。维水之害，咫尺千里。

沔彼滥觞，蛙跳鯈游。溢而怀山，神禹所忧。

岂无一木，支此大坏。舞于盘涡，冰折雷解。

坐使此邦，画为两州。鸡犬相闻，胡越莫救。

允毅何公，甚勇于仁。始作石梁，其艰其勤。

将作复止，更此百难。公心如铁，非石

则坚。

公以身先，民以悦使。老壮负石，如负
其子。

疏为玉虹，隐为金堤。直栏横槛，百贾
所栖。

我来与公，同载而出。讙呼填道，抱其
马足。

我叹而言，视此滔滔。未见刚者，孰为
此桥。

愿公千岁，与桥寿考。持节复来，以慰
父老。

如朱仲卿，食于桐乡。我作铭诗，子孙
不忘。①

　　诗中将"何公桥"的修建过程进行了描摹，通过对周边
景物想象性的描述，指出修桥的必要性，并把修桥的艰辛等
也进行了形象生动的再现。"公心如铁，非石则坚。公以身
先，民以悦使。"指出因为何知府身先士卒，才使百姓同心
协力，完成这一壮举。

　　苏东坡从英州出发，经由筠州南行，正月度过大庾岭。
苏东坡在一家小店休息，一老翁迎面走来，问："这位官人
是谁？"

　　手下人回答："这就是著名的苏学士。"

　　①〔宋〕苏轼著，〔清〕王文诰辑注，孔凡礼点校：《苏轼诗集》第2402-
2403页，中华书局，1982年版。

老翁听了惊讶不已："原来是大名鼎鼎的苏子瞻。"急忙上前作揖，激动得泪流满面："恭喜大人您放逐归来。老朽听说朝廷上的奸臣都想置您于死地，您今日能够北归，真是上天有眼，保佑善人。"

苏东坡也十分感激老翁："很多人都以为我死在海南了。的确我已经死过一回，而且还到了阴曹地府。不过在路上遇到了章惇，我就决定还阳了。"

苏东坡的这种幽默也让老翁哈哈大笑起来。

为了表达对老翁的感激之情，苏东坡挥笔在墙上题了一首诗《赠岭上老人》：

鹤骨霜髯心已灰，青松合抱手亲栽。

问翁大庾岭头住，曾见南迁几个回？①

在诗中，东坡表达了自己的内心情感，既有一分豁达，也有一分凄凉无奈。以略带忧伤的口吻问老翁：你在这里住了几十年，看到被贬的有几个生还的？

苏东坡一行继续前行，所到之处只要知道苏东坡回来了，立刻就会有很多人围了过来，恳请苏东坡作字或者留画以作纪念，苏东坡总是尽力满足大家的愿望。

苏东坡以一种愉悦的心情向北进发。

朝廷第二道诏令又来，改调他去湖南的永州。还没有到永州赴任，又接到了第三道诏令，要苏东坡回京任用。

---

① ［宋］苏轼著，［清］王文诰辑注，孔凡礼点校：《苏轼诗集》第2424页，中华书局，1982年版。

苏东坡每经一地，为他接风洗尘的人都非常多，就像欢迎一位久经沙场、胜利荣归的英雄。人们都敬爱他、仰慕他。

苏东坡一直来到了常州。

外界盛传苏东坡即将重返朝廷担当宰相，执掌朝政，而苏轼却对此看得非常淡，此时自己年事已高，体弱多病，对于功名和荣辱都已经看得非常淡了。

苏东坡到达常州的时候正值暑热天气，当时听说朝廷上又有排斥旧党的倾向，加之身体多病，因此就在常州停留下来。

建中靖国元年（1101）六月一日，因天气炎热，东坡饮冷过度，中夜暴下（患上了急性痢疾）。苏东坡本人懂医学，当他病倒的时候，知道自己得的是一种热毒，他消化不良，食欲不振，睡眠也不好。在给当时大书法家米芾写的信里说："昨晚通宵达旦，都不能够入睡，只能在那儿喂蚊子了，不知道今晚将会如何度过。"

苏东坡的很多亲戚朋友听说苏东坡病倒之后都来探望他，但由于病情日益加重，他不得不谢绝宾客。此时有一个人既想见东坡，又感觉愧对东坡，后来听说他闭门谢客，斟酌再三，给病榻中的苏东坡写了一封措辞恳切、情深意长的书信，这个人就是章惇的儿子章援。

章惇，这个苏东坡曾经器重又后来迫害过苏东坡的人，可以说是一个十足的有心机的人，他陷害苏东坡等元祐党人不遗余力，欲置之死地而后快，却没想到风水轮流转，仕途无常，如今元祐党人受重用，自己却被逐出朝廷。苏东坡也非常恨章惇，但苏东坡听说章惇已于一年前被贬到雷州，也就对他释怀了。

苏东坡并非心胸狭窄的人，对迫害过他的人，他也没有怀着那种强烈的报复心，反而能将往日的恩怨一笔勾销，显示其胸怀的开阔、境界的广大。

苏东坡说："对于章援这个人我是了解的，当年我主持考试的时候，他考中了第一名。此人才华横溢，诗文写得也不错。"

但是苏迈提醒他："当年他的父亲章惇对你的迫害已经忘了吗？这封信他肯定是来求情的。现在他们父子失势，恐怕担心您向他报复。"

苏东坡捧着书信，朗朗大笑道："想我苏东坡一生光明磊落，处理公务时从不掺杂半点私人恩怨，而且与人交往自然出自真心。假如我心胸和章惇一样，那么和那些陷害、诽谤我的小人岂不都是一类人了？"

于是苏东坡亲自提笔给章援回信。

章援接到苏东坡的回信之后，非常感动，由衷赞赏东坡这种光明磊落的胸襟。

苏东坡在病榻一个多月，一直没有起色。他预感到来日无多，便把三个儿子叫到跟前，交代后事。苏东坡坦然地说："我平生未做过什么恶事，相信死后也不会下地狱的。"

苏东坡在杭州时期的老朋友维琳方丈前来探望，一直陪伴在他的身边，谈论今生与来世。苏东坡笑道："你劝我念偈语，鸠摩罗什呢？他也死了，是不是？"维琳方丈凑近他耳边劝道："此时要想来生。"苏东坡此时的神志还是很清楚，他说："西天也许有，空想前往，又有何用？"好友钱世雄这时也劝他："现在最好做如是想。"苏东坡不以为然，说："勉强去想就错了。"

苏东坡的表弟程德儒在金山居住，听说苏东坡病了，急忙来到常州，看到苏东坡身体如此衰弱，痛哭失声。

相传李公麟在镇江金山寺有一幅苏东坡的画像，苏东坡此次路过这里，曾经亲自题了一首六言绝句《自题金山画像》：

> 心似已灰之木，身如不系之舟。
>
> 问汝平生功业，黄州惠州儋州。①

"心似"句出自《庄子·齐物论》："形固可使如槁木，而心固可使如死灰乎？"乃是颜成子游问南郭子綦的话，是说纵使外形像槁木一般，但内心还会有波动的，不能像死灰一样。此时苏东坡说：木头燃烧烈焰熊熊的，但此时都已经烧尽了，一点激情都没有了，我的心就像成了灰的木头了。我的身体就像没有系在码头上的小船一样四处漂泊，这一辈子问我都干些啥了？黄州、惠州、儋州，都在被贬的过程中，一个比一个惨。哪里谈得上什么功业呢？

苏东坡的绝笔诗写尽了他颠沛流离的不幸一生，表达了一个天才诗人的无奈。

---

① ［宋］苏轼著，［清］王文诰辑注，孔凡礼点校：《苏轼诗集》第2641页，中华书局，1982年版。

七月二十八日，苏东坡的病情逐渐恶化起来。全家人围拢在榻前，东坡说："吾生无恶，死必不坠，甚无哭泣以恒化。"①意思是，我一生没做过什么恶事，所以死后也不会坠入地狱的，你们不必那么为我伤心哭泣。

儿子苏迈向前请示遗训，东坡只是看了他一眼，一言未发，便安详地咽下了最后一口气，享年六十六岁。

弟弟苏辙听说苏东坡去世之后，悲痛万分，遵照哥哥的遗嘱为苏东坡作了墓志铭。苏辙在《亡兄子瞻端明墓志铭》中写道：

> 吴越之民，相与哭于市，其君子相吊于家；讣闻四方，无贤愚皆咨嗟出涕；太学之士数百人，相率饭僧慧林佛舍。②
>
> ……
>
> 公心如玉，焚而不灰。不变生死，孰为去来。古有微言，众说所蒙。手发其枢，恃此以终。心之所涵，遇物则见，声融金石，光溢云汉。耳目同是，举世毕知。欲造其渊，或眩以疑。绝学不继，如已断弦。百世之后，岂其无贤……③

①［宋］苏辙著，陈宏天、高秀芳点校：《苏辙集》第1126页，中华书局，1990年版。

②［宋］苏辙著，陈宏天、高秀芳点校：《苏辙集》第1117页，中华书局，1990年版。

③［宋］苏辙著，陈宏天、高秀芳点校：《苏辙集》第1127-1128页，中华书局，1990年版。

常州当地形成了群众性、自发性的吊唁活动。亲朋好友、门生故旧的哀悼之文，更是无法一一列举。仅举李廌祭文片段：

> 道大不容，才高为累。皇天后土，鉴平
> 生忠义之心；名山大川，还千古英灵之气。
> 识与不识，谁不尽伤；闻所未闻，吾将安
> 放！①

苏东坡死后，他的书画和诗文手稿成了朝野高价收购的珍品。颍州桥上东坡所写的碑文，太监梁师成竟出价三十万来购买。金人攻下了东京汴梁，特别索取苏东坡的书画作品作为战利品，可见苏东坡的盛名早已远播塞外藩邦。南宋时期高宗皇帝阅读苏东坡的遗著，深感学识渊博，谋国忠诚，特追赠苏东坡太师官衔，并赐谥号文忠公。圣旨中对苏东坡倍加赞赏，使苏东坡离世之后的荣誉达到了巅峰。

东坡多才多艺，在多个领域都取得了杰出成就。历经了千年，古今中外，对东坡的精神都赞誉有加，传承不息。

苏东坡所创造的文化世界，被誉为"苏海"，体现出其宽广深厚，如大海般波澜壮阔，动人心魄。他为后世留下了诗、词、文、书、画等文艺精品，是人类艺术殿堂中的瑰宝。

从苏东坡身上，我们汲取的更多的是精神营养。

在顺境之中，苏东坡胸怀天下，关心苍生黎民，勤于政

---

①转自朱弁《曲洧旧闻》卷五。

务，兢兢业业为民谋福祉。从他身上，我们看到了一个尽忠恪职的官员形象。儒家思想的"达则兼济天下"在苏东坡身上体现得特别明显。他上忠朝廷，下爱百姓，不矜夸，不骄纵，不淫奢，在其位谋其政，堪为从政者楷模。

得意时泰然易做，失意时坦然难为。想看一个人是否能真正战胜了生活，不是看他在春风得意时如何荣耀，而是看他在失意困顿时如何奋争。只有在面对生活的苦厄时能够以勇士般的精神去战斗，才能称得上是真正的"英雄"。

在逆境之中，苏东坡顺应自然，热爱生活。佛老思想成为他在政治逆境中的主要处世哲学。佛老思想原以清静无为、超然物外为旨归，但在东坡身上却起了复杂的作用：一方面，他安于现状，甘于忍受苦难，有逃避现实的消极倾向；另一方面，又帮助他观察问题比较通达，在一种旷达态度的背后，坚持对人生、对美好事物的执着和追求。

这是东坡的豁达之处与明智之处。

苏东坡洞悉了人生，对世间的美与丑有着清醒的认识。但他并不悲观失望，而是遵循着自然的规律，遵循着社会的规律。他有抗争，但不莽撞；他有妥协，但不盲目。在能够实现理想的时候，东坡积极进取，尽力施展自己的政治才能。身处困境之后，东坡能够通过文学、艺术创作来调整情绪，创造出辉煌的艺术成就。这是东坡高于历史上诸多文人之处，也是东坡强过其他政治人物之处。

苏东坡是全才的，是文人理想的综合体。

东坡精神，光耀千古！

附　录

1. 苏东坡简要族谱

祖父：苏序

父亲：苏洵，"唐宋八大家"之一。

母亲：程氏，眉山人。

姐姐：苏八娘，传说中的"苏小妹"。

弟弟：苏辙，"唐宋八大家"之一。

妻：王弗，十六岁时与苏东坡成婚，二十七岁时去世。

妻：王闰之，王弗堂妹，二十一岁时与苏东坡成婚，四十六岁时去世。

妾：王朝云，原为歌妓，十二岁时苏东坡为其赎身，后收为侍妾，三十四岁时去世。

长子：苏迈，妻王弗所生。

次子：苏迨，妻王闰之所生。

三子：苏过，妻王闰之所生。

四子：苏遁，妾王朝云所生，未满周岁而夭折。

2. 苏东坡简要年谱

宋仁宗景祐三年丙子（1037）两岁（虚岁，下同）

苏东坡出生于四川眉山县纱縠行。旧历为十二月十九日卯时，公历为1037年1月8日。

宝元二年己卯（1039）四岁

弟苏辙出生。

庆历二年壬午（1042）七岁

开始读书。

庆历三年癸未（1043）八岁

随道士张易简求学。

庆历四年甲申（1044）九岁

弟苏辙入学。

庆历五年乙酉（1045）十岁

从张易简读书。听母程氏讲授《汉书·范滂传》，立大志。

皇祐二年庚寅（1050）十五岁

八娘嫁表兄程之才。

至和元年甲午（1054）十九岁

娶眉山青神县王弗为妻。

至和二年乙未（1055）二十岁

于成都拜谒张方平。

弟苏辙娶史氏。

苏洵命苏辙拜苏东坡为师。

嘉祐元年丙申（1056）二十一岁

与弟辙随父赴汴京（今河南开封）参加进士考试。

嘉祐二年丁酉（1057）二十二岁

与弟苏辙同科进士及第，"三苏"名满京师。

四月，母程氏卒于眉山，回乡奔丧守孝。

嘉祐四年己亥（1059）二十四岁

与弟辙及父洵再赴汴京，三人所作诗文编为《南行集》。

长子苏迈出生。

嘉祐五年庚子（1060）二十五岁

父子三人至京，租居。授河南福昌县主簿，弟辙授渑池县主簿，均未赴任。

嘉祐六年辛丑（1061）二十六岁

参加制科考试，列三等。除大理评事、签书凤翔府签判。弟辙列第四等，除商州军事推官。

十一月与弟辙别于郑州，作《和子由渑池怀旧》。

嘉祐七年壬寅（1062）二十七岁

在凤翔，赴宝鸡、虢、郿、鏊厔减决囚犯。

嘉祐八年癸卯（1063）二十八岁
在凤翔。陈希亮任凤翔太守，二人不和。结识其第四子陈
慥。

英宗治平元年甲辰（1064）二十九岁
十二月罢凤翔任，赴长安，游骊山。

治平二年乙巳（1065）三十岁
二月还朝。
五月，妻王弗卒于汴京。

治平三年丙午（1066）三十一岁
在汴京。
四月，父苏洵卒。

治平四年丁未（1067）三十二岁

与弟辙运苏洵、王弗灵柩回蜀，与母程氏同葬在眉州彭山安镇可龙里。

神宗熙宁元年戊申（1068）三十三岁
十月，续娶王弗堂妹王闰之为妻。冬，与弟辙携家赴汴京。

熙宁二年己酉（1069）三十四岁
二月还朝，在京任殿中丞、直史馆授官告院，兼判尚书祠部。
"王安石变法"开始。

熙宁三年庚戌（1070）三十五岁
在汴京。
弟辙因反对王安石变法，出为陈州学官。
第二子苏迨出生。

熙宁四年辛亥（1071）三十六岁

因反对王安石变法，四月任杭州通判，十一月到任。

熙宁五年壬子（1072）三十七岁

在杭州。作《吴中田妇叹》《山村五绝》等诗，反映"新法"弊端。

三子苏过出生。

熙宁六年癸丑（1073）三十八岁

在杭州，协助陈襄修复钱塘六井。在常州、润州赈饥。

熙宁七年甲寅（1074）三十九岁

在杭州，纳妾王朝云。

十一月改知密州。

郑侠上《流民图》，王安石罢相。

熙宁八年乙卯（1075）四十岁

知密州。作《江城子·十年生死两茫茫》。

二月，王安石再次拜相。

熙宁九年丙辰（1076）四十一岁

在密州。作《水调歌头·明月几时有》。

十二月以祠部员外郎直史馆移知河中府，离密州。

王安石再次罢相。

熙宁十年丁巳（1077）四十二岁

改知徐州。率军民抗洪，保住徐州城。

元丰二年己未（1079）四十四岁

三月改知湖州。

七月，"乌台诗案"发生，被捕入狱。

十二月出狱，贬官黄州团练副使，本州安置。

元丰三年庚申（1080）四十五岁

二月，到达黄州贬所。

元丰五年壬戌（1082）四十七岁

在黄州。自号"东坡居士"。作《黄州寒食帖》，前后《赤壁赋》，《念奴娇·赤壁怀古》等。

元丰七年甲子（1084）四十九岁

迁汝州团练副使、本州安置。游庐山、石钟山，过金陵访王安石。

元丰八年乙丑（1085）五十岁

六月，知登州。十月到任才五日，被召还朝任礼部郎中，迁起居舍人。

哲宗元祐元年丙寅（1086）五十一岁

在汴京。自起居舍人迁为翰林学士，知制诰。反对司马光尽废新法。

弟辙任中书舍人。

王安石、司马光去世。

元祐四年己巳（1089）五十四岁

三月，以龙图阁学士知杭州。七月到达杭州，疏浚茅山、盐桥二河。

六月，弟辙为吏部侍郎。

元祐五年庚午（1090）五十五岁

在杭州。春夏间，疏浚西湖，建苏堤。

弟辙为龙图阁学士。

元祐六年辛未（1091）五十六岁

正月，除吏部尚书。三月被召入京，任翰林学士、知制诰，兼侍读。八月出知颍州。

弟辙除中大夫、尚书右丞。

元祐七年壬申（1092）五十七岁

在颍州。疏浚颍州西湖。二月移知扬州。八月以兵部尚书召还。十一月迁端明殿学士、礼部尚书兼翰林侍读学士。

元祐八年癸酉（1093）五十八岁

在汴京，任端明殿学士，左朝奉郎、礼部尚书。

八月，妻王闰之卒于汴京。

九月，出知定州。

绍圣元年甲戌（1094）五十九岁

在定州。四月贬知英州。未至贬所，八月再贬宁远军节度副使惠州安置，不得签署公事。十月到达贬所。

绍圣二年乙亥（1095）六十岁

在惠州。作《荔支叹》等诗。

绍圣三年丙子（1096）六十一岁

在惠州。助修惠州二桥。

七月，朝云病故。

绍圣四年丁丑（1097）六十二岁

四月，贬琼州别驾、昌化军安置。七月，到儋州。

元符二年己卯（1099）六十四岁

在儋州。修改《易传》《论语》，又作《书传》十二卷。著《志林》，未完稿。

元符三年庚辰（1100）六十五岁

五月，改舒州团练副使，永州安置。行至英州，得旨奉朝奉郎提举成都玉局观。

年底越岭南归。

徽宗建中靖国元年辛巳（1101）六十六岁

五月，至真州，作《自题金山画像》诗。暴病，止于常州。

七月二十八日去世。

崇宁元年壬午（1102）

六月，葬于汝州郏城县钓台乡上瑞里。